Peter Strasser | Der Gott aller Menschen

Peter Strasser

DER GOTT ALLER MENSCHEN

Eine philosophische
Grenzüberschreitung

BIBLIOTHEK DER UNRUHE UND DES BEWAHRENS · BAND 1

:STYRIA

Die Deutsche Bibliothek – CIP-Einheitsaufnahme

Strasser, Peter:
Der Gott aller Menschen : eine philosophische
Grenzüberschreitung/Peter Strasser. –
Graz ; Wien ; Köln : Verl. Styria, 2002
ISBN 3-222-12953-3

© 2002 Verlag Styria Graz Wien Köln
www.verlagstyria.com
Umschlaggestaltung und Layout: Stefan Fuhrer.
Logo-Entwurf: Peter Strasser.
Druck und Bindung: Druckerei Theiss GmbH., A-9400 Wolfsberg.
ISBN 3-222-12953-3

Dies ist für Anna und Oliver,
deren Zukunft friedlich sein möge
und lebendig,
unbeschwert vom Kampf der Kulturen und ihrer Götter,
erfüllt vom Geist des Gottes aller Menschen.

So sagte sie mir einmal lächelnd nach einem Zusammentreffen mit W. H. Auden, mit dem sie, seit er immer einen Teil des Jahres in Oxford verbrachte, häufiger zusammenkam (zum ersten Mal hatte sie ihn anlässlich eines Vortrages in ihrer Schule gesehen): «Er spricht gerne übers Beten.» Ich fragte, ob sie beide sich darüber ausgetauscht hätten, wie man beten solle. «Aber nein», meinte Iris, «wir beten ja beide nicht. Aber er macht Scherze darüber, wie er beten würde, wenn er es täte.»

John Bayley, «Elegie für Iris»[1]

We who must die demand a miracle.
How could the Eternal do a temporal act,
The Infinite become a finite fact?
Nothing can save us that is possible:
We who must die demand a miracle.

W. H. Auden, «For the Time Being. A Christmas Oratorio» (1944)

«... und noch habe ich nicht getan, weswegen ich geschaffen wurde»

Seitdem es das Christentum gibt, gibt es für den Mangel an Trost eine authentische Quelle, einen Widerhall aus der Tiefe der Zeit. Es ist der Schrei des sterbenden Jesus am Kreuz. *Eli, Eli, lema sabachtani.* «Mein Gott, mein Gott, warum hast du mich verlassen!» Ob der Schrei tatsächlich getan wurde und ob er nicht doch dem Propheten Elija und dessen falscher Weissagung über den Messias gegolten hat, das sind unerhebliche Details. Denn was hier zählt, ist die Entdeckung und die Qual der Verlassenheit. Der Vater hat nicht geholfen. Er hat die verzweifelte Seele nicht das Licht des ewigen Lebens schauen lassen. Der Vater hat geschwiegen, so, als ob er selber der Große Gleichgültige wäre, der Tod und immer nur der Tod.

Gegen den Hintergrund jenes Schreis der Verlassenheit wirken die Berichte über Jesu Auferstehung und Himmelfahrt wie die Märchen, die man erzählt, um ein ängstliches Kind in den Schlaf zu reden. Die Märchen sind zauberhaft, sie spielen an den besonnten Plätzen und in den heimeligen Winkeln der Welt, überall, wo die Angst nicht hinreicht. Aber jene traulichen Plätze und Winkel sind für den Schlaf der Lebenden, nicht der Toten. Denn sie sind schöner Schein, nicht mehr, zerbrechliche Gespinste vor der Realität des Nichts. Zum Feingefühl eines Christenmenschen unserer Zeit gehört es, seinen Seelsorger *nicht* zu fragen, ob er glaube, dass Jesus von den Toten buchstäblich, leibhaftig, trotz der Wunden seines Fleisches, wiederauferstanden sei. «Ist der Menschensohn wirklich abgestiegen zu den Toten und aufgefahren in den Himmel, und sitzt er wirklich zur rechten Hand Gottes?» Man fragt so etwas nicht. Wie anders sollte der Bedrängte antworten, wenn nicht mit einem Ja?

Doch dieses Ja wäre eben nicht das erlösende. Beide, der unziemlich Fragende und der zur Antwort Gedrängte, wissen gleichermaßen, dass es bei Jesu Auferstehung um die sogenannte «tiefere Wahrheit» geht. Alles, was das tote Fleisch des Nazareners betrifft, das sich wieder mit Leben erfüllt und über den Tod triumphiert, alles das muss, recht verstanden, als ein Gleichnis entschlüsselt werden, das auf eine «tiefere Wahrheit» zielt, das heißt, *nicht* auf das Fleisch, das der Buchstabe der Erzählung nennt. Indessen ist die «tiefere Wahrheit» hier gerade diejenige, die ernüchtert. Dass man die Ostererzählung als ein Gleichnis zu lesen hat – bedeutet das *in Wahrheit* nicht, dass Jesus niemals von den Toten auferstanden, vielmehr im Grabe liegen geblieben und verwest ist?

Es hat keinen Sinn, sich etwas vorzumachen, sagt der Ernüchterte. Nicht auf das Gleichnis kommt es hier an, nicht darauf, dass der Geist in der Lage ist, sich über das Dunkel des Fleisches zu erheben, und auf dergleichen sonntagsrednerische Phrasen mehr. Wir wollen nicht in einem übertragenen Sinne unsterblich sein. Wir wollen unsterblich sein, das ist alles. Es ist nicht die sogenannte «tiefere Wahrheit», es ist offenkundige Wahrheit des Körpers, auf die es ankommt. Sie aber lautet: Alle sterben und niemand wird jemals wieder auferweckt. Niemand wird auferweckt, um für immer zu leben, befreit von der Einsamkeit und dem Bösen.

Diese Wahrheit habe ich, seit sie mir zu dämmern begann, niemals wieder abschütteln können. Je mehr ich über den unlösbaren Zusammenhang zwischen Körper und Geist erfuhr, umso unerbittlicher wurde mir klar, dass es kein Leben nach dem Tode gibt, zumindest keines, das es wert wäre, gelebt zu werden. Wer sich nach dem Himmel sehnt, der sehnt sich nicht nach der Weltseele oder dem absoluten Geist. Derlei Konstruktionen gehen einher mit der Auslöschung all des Einzigartigen, wodurch dir die Existenz der Welt gerechtfertigt erscheint, ob es sich dabei nun um die Liebe deines Lebens handelt, die währt, bis dass der Tod euch scheidet und noch darüber hinaus, oder um das flüchtige Glitzern des Taus auf jenem Blütenblatt, das gerade hier vor deiner Nase zu Boden schaukelt.

Das alles heißt ebenso wenig, dass ich ein Atheist bin, wie es heißt, dass ich ein Agnostiker wäre. Wer sagt, dass Gott nicht existiert, der will zumeist bloß sagen, er vergöttere nun etwas, was mit dem Gott seiner Kindheit nichts zu tun habe. Bei Nietzsche war es der Wille zur Macht, bei anderen ist es der Weltmechanismus, *the blind watchmaker*, oder eine ähnlich fragmentierte Gottheit. Während ich nun aber dem Atheisten ohne weiteres zu folgen vermag, kommt mir der Agnostiker vor wie einer, der die ihm gestellte Frage nicht richtig verstanden hat. Die Frage nach der Existenz Gottes stellt sich zwingend, weil so, wie unser Gehirn nun einmal beschaffen ist, jeder empirische Anfang oder Nichtanfang der Welt, jeder Beginn und jede Beginnlosigkeit etwas zutiefst Unverständliches in sich birgt. Wie erhält sich das Sein im Sein, warum ist die Welt *da?* Die Welt ist da, und deshalb muss es auf die Frage eine Antwort geben.

Mit dem Wort «Gott» haben die Menschen seit jeher die Notwendigkeit einer Antwort bekräftigt. Gott ist der gute Anfang, aus dem heraus, könnten wir ihn bloß fassen, verständlich würde, warum die Welt da ist – warum überhaupt etwas ist und nicht vielmehr nichts. Der Agnostiker hingegen scheint die Notwendigkeit Gottes nicht zu begreifen. Das macht ihn, jedenfalls für mich, zu einem metaphysisch Farbenblinden, noch dazu einem, der aus seinem Gebrechen eine Apologie des Nichtwissens zu gewinnen hofft. Mich hingegen treibt, wie andere Menschen auch, das Rätsel des Seins nicht weniger an als das des Todes. Ich weiß, dass es Gott gibt, weil es einen Grund geben *muss*, der sich nicht im bloß Faktischen, im Physikalischen, Chemischen, Biologischen, erschöpft. Aber das Problem meiner geistigen Existenz – wenn von so etwas Hochtrabendem überhaupt die Rede sein kann – besteht darin, dass ich nicht weiß, was das heißt: *Gott ist.*

Kant hat gesagt, dass das gar nichts heißt. Für mich hingegen liegt, wie schon für Anselm von Canterbury, in dem Satz «Gott ist» die tiefste Herausforderung des menschlichen Denkens. Mir kommt vor, dass alle Probleme der Philosophie entweder auf diesen

Satz bezogen bleiben oder sich letzten Endes in belanglosen Spiele-
reien, in einem denksportlichen L'art pour l'art, verlieren. Von Gott
zu reden heißt, sich über den Begriff des Nicht-bloß-Faktischen
Gedanken zu machen; nachzudenken darüber, wie der transzen-
dente Urgrund des Faktischen zu jenem Ergebnis führen konnte,
das wir als «die Welt» – und eben auch als die Welt der Übel und
des Todes – kennen.

Leider scheint uns solches Nachdenken weniger Gott nahe zu
bringen, als die Einsicht zu befördern, dass wir von ihm grundsätzlich getrennt sind. Über unser Gehirn führt nicht nur der Weg
nach draußen, hinaus in die Wirklichkeit und zur geistigen
Abstraktion, sondern auch der Weg im Kreis. Angesichts des
Absoluten drehen wir uns in uns selbst wie der Hamster in seinem
Rad. Aber, so möchte ich hinzufügen, es handelt sich dabei nicht
um eine gänzlich formlose, sinnentleerte Bewegung. Obwohl wir
das Absolute nicht zu fassen vermögen, so sind wir doch in der
Lage, in Analogien zu denken. Wir können uns paradoxerweise
fragen, wie Gott beschaffen sein müsste, wenn er sich mit den
Begriffen, die uns endlichen Wesen zur Verfügung stehen, begreifen ließe.
   Freilich ist es unser Los, nicht zu wissen, ob wir in unseren
Gedanken über Gott tatsächlich auf Gott hinweisen oder, eingeschlossen in unserer Höhle, bloß eine Art Selbstgespräch führen:
Wie wäre es, Gott zu sein? Immerhin ist diese Frage eine, die
hoffen lässt, dass sie uns, indem wir sie stellen, schon über uns
hinaushebt. Doch selbst wenn derlei Hoffnung trüge, könnten wir
die Frage nicht vermeiden. «Nie habe ich Dich gesehen, Herr, mein
Gott», klagt Anselm, «ich kenne Dein Antlitz nicht. Was soll tun,
höchster Herr, was soll tun dieser Dein in die Ferne Verbannter?»
Und er antwortet sich selbst: «Schließlich wurde ich geschaffen,
um Dich zu sehen – und noch habe ich nicht getan, weswegen ich
geschaffen wurde. O unseliges Los des Menschen, da er das verlor,
wozu er geschaffen ward!»

Seit diesem bewegenden Gebet am Anfang des berühmtesten Gottesbeweises der abendländischen Geistesgeschichte[2] sind mehr als neunhundert Jahre vergangen, aber mir scheint, dass die Aufgabe noch immer dieselbe ist. Obwohl wir auf ein Leben nach dem Tode nicht hoffen dürfen, fühlen wir uns dennoch verpflichtet, Gott zu erkennen. Und was könnte das, über einige armselige philosophische Spekulationen hinaus, anderes heißen, als Gott *in der Welt* zu erkennen?

Es gibt das Ethische und das Ästhetische. Indem wir uns um beides bemühen, haben wir am Zeitlosen teil. Denn weder das ethische noch das ästhetische Phänomen sind ihrem Wesen nach ableitbar aus den Fakten, die, geht es nach dem Willen der Wissenschaft, unsere Welt konstituieren. Die Quelle entspringt nicht hier, im Vergänglichen, in Raum und Zeit. Und so ist es letzten Endes unsere *Teilhabe* am Guten und Schönen, die uns mehr als ein Gleichnis dafür gibt, wie es wäre, unsterblich zu sein. In den guten und schönen Werken individuiert sich das Außerzeitliche, Göttliche, und darin liegt schon der ganze menschenmögliche Trost.

BAUSTEINE
ZUM RELIGIÖSEN UNIVERSALISMUS

I

DIE IDEE DES RELIGIÖSEN UNIVERSALISMUS

1. Skeptische Religiosität

Die gegenwärtige Philosophie begreift sich zu einem großen Teil als postmetaphysisch. Dadurch verschüttet sie ihren eigenen Ursprung. Das wäre nicht weiter schlimm, wenn das Absterben der Philosophie unser Leben an seiner Quelle unberührt ließe. Dem ist jedoch nicht so. Denn die Quelle des Lebens ist das Absolute – das, wohin keine Lehre vom Bedingten, keine Wissenschaft reicht, sondern bloß die Metaphysik.

Das Absolute hat viele Namen, und nicht alle werden ihm gerecht. Es kann Gott heißen oder Ich oder Lust oder Urknall. Wie auch immer, nur solange der Versuch anhält, das Absolute beim Namen zu nennen, ist das Leben daran interessiert, sich der Quelle seiner Lebendigkeit zu versichern.

Es gehört nun aber zur Fehllage der Moderne, das Leben vom Geist getrennt zu haben. Nietzsche ist der Botschafter und Fackelträger dieser Lage. Auf diese Weise konnte es geschehen, dass alle drei: Gott, Wahrheit und Moral, auf die Seite der Lebensfeindschaft gedrängt wurden, um dem Willen zur Macht den Weg zu ebnen.

Auch der Wille zur Macht ist ein Name für das Absolute, freilich für das Absolute im Zustand seiner Verkehrung – der Name für die absolute Macht des Geistlosen. Als Heidegger sich anschickte, die Wahrheit des Willens zur Macht im künstlichen Begriff des «Ge-Stells» auszudrücken, war es zu spät: Es war die Zeit nach Auschwitz. Die abendländische Metaphysik schien für immer desavouiert.

Dieses schlechte Ende konnte indessen die Frage nach dem Anfang, dem *guten* Anfang, nicht verdrängen. Auch unter dem Vorzeichen von Auschwitz und Hiroshima blieb das Problem der Welt

als Schöpfung bestehen. Das Weltgestell mag alles in sich einge-
spannt haben, aber es trägt sich nicht selbst. Das rechtfertigt eine
Philosophie des Absoluten, die nach dem Ursprung des Ganzen
sucht und es im Leben des Geistes findet.

Das Leben des Geistes ist universal, während das kulturelle
Leben, als Ausdruck des Geistes, immer nur Gestaltung, Perspektive, Konfiguration ist. Die Philosophie hingegen erhebt den Anspruch, über alle Gestalten des Geistes hinweg das Wesen des
Absoluten zu ergründen. Da sie dennoch Kultur *ist*, wenn auch sich
selbst transzendierende Kultur, bleibt ihr Anspruch stets Fragment,
ihr Weg unabschließbar, ihr Ziel Horizont. Das hindert sie nicht
daran, nach Einsichten Ausschau zu halten, die von allen vernünftigen Wesen gleichermaßen verstanden und akzeptiert werden
können.

Traditionell gesprochen: Die Philosophie des Absoluten ist
natürliche Theologie.[3]

Damit ist nicht nur die Richtung angegeben, sondern auch die
Methode benannt, die im Folgenden zum Tragen kommt. Dass die
Gegenstände der Untersuchung spekulativ sind, soll uns weder
daran hindern, dem *lumen naturale* – kurz: unserem eigenen Verstand – zu folgen, noch uns dazu bewegen, «existentiell», d. h.
kitschig und formlos, zu werden.

Wenn wir aus der großen Tradition des abendländischen Denkens etwas lernen können, dann ist es dies: Die Tiefe des Gefühls
hängt nicht an dem Grad, in dem der Text selbst gefühlig und subjektiv ist. Das tiefste Gefühl ist immer dasjenige, das sich im Rahmen einer Bildungsgeschichte herauskristallisiert. Es ist das Gefühl, das, gleich einem Schmuckstein, erst in der Fassung, der
Strenge und dem Maß einer Kultur zu leuchten beginnt – einer
Kultur, die ebenso um Wahrheit wie um den Dialog der Geister
bemüht ist.

Mit anderen Worten: Die Skepsis der vorliegenden Abhandlung
gilt weniger dem vielgeschmähten Rationalismus, ob antik oder

neuzeitlich, als vielmehr dem Irrationalismus des 19. Jahrhunderts. Letzterer spielt mit dem Wahnsinn und der Subversion, um, wie es scheint, zunächst im öden Agnostizismus der Moderne, dann aber im Geflunker und Geflacker postmoderner Mystikmoden zu versanden.

Es geht im Folgenden um durchaus streitbare Thesen, aber um Thesen, die zugleich Ausdruck und Beförderung einer *Haltung* sein wollen. Welcher? Franz Schuh hat dafür eine schöne Formel gefunden, die der, auf den sie gemünzt ist, dankbar zur Kenntnis nimmt: «Skeptische Religiosität».

2. Die antiuniversalistische Tradition

Was bedeutet religiöser Universalismus? Kurz gesagt, dass eine Religion keinen begründeten Anspruch auf universelle Geltung erheben kann, solange es nicht gute Gründe für alle Menschen gibt, an den Lehren dieser Religion teilzuhaben.

Auf eine solche Definition werden viele Gläubige mit folgender Bemerkung reagieren: Schön, dann heißt das eben, dass der wahrhaft religiöse Glaube den religiösen Universalismus ausschließt. Denn gewiss nicht alle Menschen haben gute Gründe, wie die Christen an das Dogma des dreieinigen Gottes, der Jungfrauengeburt, der Himmelfahrt Jesu oder der leiblichen Auferstehung am Ende der Zeiten zu glauben. Genau genommen, so geht das Argument, haben alle, die keine Christen sind, auch keine guten Gründe, an jene Lehren zu glauben, die zwar für das Christentum typisch sind, nicht aber für andere Religionen. Der Buddhist, der dem Rad der Wiedergeburten entkommen möchte, würde sich wenig geneigt zeigen, wollte man ihn bewegen, an die leibliche Auferstehung zu glauben; und der Jude wäre empört, wollte man ihn darauf verpflichten, Jesus als Gott anzubeten.

Man braucht die Beispiele nicht zu vermehren. Ihre Botschaft ist eindeutig: Religionen sind spezifisch kulturelle Schöpfungen und als solche ist die Gültigkeit ihrer Lehren nicht auf der Basis inter- oder transkultureller Kriterien entscheidbar, im Gegensatz zu den Lehren der Wissenschaft, der Technik und, vielleicht, der Philosophie.

Hinzu kommt noch ein Argument von der Seite des Gläubigen: In allen Religionen drückt sich ein supranaturales Wissen aus, das stets und notwendig immer nur einigen wenigen Auserwählten zuteil wird. Dieses Wissen ist per definitionem nichts, was auf dem Wege der natürlichen Vernunft begründet werden könnte. Manchmal auch widerspricht der Glaube dem, was der gesunde Menschenverstand samt der von ihm geschaffenen Wissenschaft für möglich hält. Die Existenz von Wundern ist nur das handgreiflichste Beispiel eines solchen Glaubensbestandes.

Kulturalität, Supranaturalität und Irrationalität sind demnach drei wesentliche Merkmale des religiösen Wissens, und sie alle drei sind mit der Vorstellung eines religiösen Universalismus nicht vereinbar.

Doch in der hier vorliegenden Form ist der religiöse Antiuniversalismus gerade keine Position, die für das Christentum akzeptabel sein könnte. Historisch gesehen sind dafür zwei Gründe verantwortlich:

Erstens sprengt am Anfang des Christentums Paulus mit seiner Aufforderung, die Heiden zu missionieren, die lokale Klammer zwischen Gott und jenem Volk, das als das seine allein «auserwählt» ist, nämlich das Volk der Juden. Entsprechend tritt an die Stelle der blutigen Beschneidung, durch die ein ethnisch-religiöses Stigma festgelegt wird, bei Paulus die Beschneidung des Herzens.[4] Diese legt eine Gesinnung fest, eben die christliche, die an keine Volkszugehörigkeit mehr gebunden ist. Das ist ein Schritt von größter Tragweite, denn durch ihn wird aus dem Gott des Judentums ein Gott für alle Menschen.

Zweitens hat sich das Christentum in der spätantiken und mittelalterlichen Ausformulierung seiner Glaubensgehalte auf das

Engste mit der Gedankenwelt der griechisch-römischen Antike verbunden, insbesondere mit Plato und Aristoteles. Beide haben eine Gottesidee favorisiert, die streng universal ist. Das gilt für Platos Idee des Guten nicht weniger als für den Ersten Beweger des Aristoteles.

Wenn man also, vom aufgeklärten Standpunkt aus, die Orientalisierung Europas am Ausgang der Antike bedauert, weil sie den Einbruch krauser Mystizismen und wüsten Aberglaubens in eine bereits weitgehend zivilisierte Welt bedeutet, so darf man nicht ignorieren, dass das Christentum von Anfang an Potentiale in sich birgt, die es über seine zeitgenössischen Konkurrenten hinausheben – über das Judentum ebenso wie über den persischen Mithraskult oder die angestammte römische Religion. Abgesehen davon, dass das Christentum in einer Welt des Mammons, der Machtgier und brutaler Ausbeutung sich glaubhaft als die Religion der kleinen Leute zu platzieren vermag, ist seine Gottesvorstellung universal. Das heißt auf der formalsten Ebene, dass, obwohl die christliche Gottesvorstellung ihren kulturellen Ursprung und Rahmen hat, sie diesen vom Ansatz her transzendiert. Sie erhebt den Anspruch, für alle Kulturen gültig zu sein.

Zweifellos hat die katholische Kirche den Geltungsanspruch des Christentums *als* Machtanspruch verstanden. Missionierung bedeutet die Unterwerfung heidnischer Kulturen, und da der Anspruch absolut ist, wird die Unterwerfung mit den äußersten Mitteln betrieben, einschließlich der Vernichtung des Glaubensgegners. Aber man ist trotzdem nicht kaltschnäuzig oder verblendet, wenn man darauf besteht, dass sich Geltungs- und Machtanspruch nicht decken. Denn im Kern des Christentums reift eine Theologie heran, die Gott nicht anders zu denken vermag als den Gott *aller*. Dadurch freilich gerät das Christentum auf lange Sicht gesehen in eine Lage, die mit den Postulaten der Kulturalität, Supranaturalität und Irrationalität nur schwer verträglich ist. Denn diese Postulate muss man so verstehen, dass sie in jedem Fall Schranken gegen die Universalisierung der Religion errichten.

Universalisierung heißt eben nicht: möglichst umfassende Ausbreitung mit Mitteln, die sich der rational motivierten Einsicht und Selbstbestimmung des Menschen entziehen. Angenommen, es wäre dem Christentum gelungen, die anderen Religionen zu verdrängen. Äußerlich gesehen wäre dann der Sieg des Christentums vollkommen. Doch was könnte der Christ auf die Frage erwidern, warum sein Glaube besser sei als irgendein Glaube, der im Laufe der Zeit zurückgedrängt wurde und schließlich überhaupt aus der Welt verschwunden ist. Was immer er erwidern könnte, *ein* Argument wäre gewiss nicht überzeugend. Es lautet, dass der faktische Sieger im Kampf der religiösen Standpunkte deshalb Recht hat, weil er Sieger geblieben ist. Gegen dieses Argument sprechen wenigstens zwei Gründe:

Erstens lassen sich Geltungsfragen, die auch mit Wahrheitsansprüchen verknüpft sind, nicht darauf reduzieren, was faktisch von vielen Menschen geglaubt wird. Es ist möglich, dass sich zu einer bestimmten Zeit alle Menschen irren. Das kam im Laufe der Menschheitsgeschichte immer wieder vor, und zwar besonders in Fragen, die für das religiöse Leben bedeutsam sind. Man denke nur an den Animismus, der geradezu ein Entwicklungsstadium des Menschen markiert (alle Dinge sind geisterhaft belebt), an die anthropomorphe Ausdeutung des Himmels usw.

Zweitens jedoch führt die Identifikation dessen, der Recht hat, mit dem, der sich allgemein durchsetzt, zu Widersprüchen. Denn es ist möglich, dass derjenige, der sich heute allgemein durchgesetzt hat, morgen schon wieder obsolet scheint. Das würde bedeuten, es lässt sich nicht ausschließen, dass der, der heute Recht hat, morgen Unrecht hat – eine in allen Wahrheitsfragen unmögliche Situation. Wenn es *heute* wahr ist, dass Jesus von den Toten auferstanden ist, dann bedeutet das, dass es *wahr* ist, dass Jesus von den Toten auferstanden ist, und mit dem Zeitpunkt, zu dem diese Wahrheit anerkannt wird, hat das nichts zu tun. Rechthaben und Sich-durchgesetzt-Haben sind zwei ganz verschiedene Zustände, von denen sich der Erste nicht auf den Zweiten reduzieren lässt.

Die Frage des religiösen Universalismus ist also auf keinen Fall mit der Frage identisch, welche Religion sich letztendlich durchgesetzt haben wird.

3. Paradigmen der Theologie

Blickt man auf die Theologie der Moderne, so erkennt man eine Reihe von universalistischen Strategien, von denen jedenfalls die folgenden drei *nicht* zielführend sind.[5]

(a) *Pragmatistische Theologie.* Es wird gesagt, dass in allen großen Religionen der Welt Elemente enthalten sind, die dazu beitragen, das menschliche Leben menschlicher zu gestalten. Und es wird hinzugefügt, dass keine andere soziale Institution in der Lage ist, das Gleiche zu leisten. In diesem Sinne hat William James in seinem berühmten Buch *Varieties of Religious Experience* (1902) gesagt: Gott existiert, weil die Annahme der Existenz Gottes nützlich ist.[6] Es ist klar, was die Attraktivität einer solchen Position ausmacht. Sie lässt die kulturellen Unterschiede im religiösen Denken und Handeln tolerant bestehen, und sie vermeidet so die Frage, welche Religion denn nun eigentlich die wahre sei.

Doch klarerweise kann man die Wahrheit religiöser Aussagen nicht davon abhängig machen, ob es nützlich ist, an sie zu glauben. Gott existiert nicht, weil die Menschen an ihn glauben, sonst würde es genügen, dass sie nicht an ihn glauben, und er würde nicht existieren. Dasselbe gilt für alle anderen Glaubensinhalte. Ob Jesus von den Toten auferstanden ist, ist unabhängig davon, ob es für die Menschen nützlich ist, daran zu glauben – immer vorausgesetzt, Jesus ist *wirklich* von den Toten auferstanden.

Ein weiterer Einwand gegen den religiösen Pragmatismus folgt aus der unspezifischen Antwort, die er auf die Frage gibt, was genau in einer Religion nützlich sei und in genau welchem Sinne das Nützliche nützlich sei. Heute bekommt man nicht selten zu hören, auf das Dogma von der Jungfrauengeburt könne man im modernen Christentum verzichten, nicht aber auf die Himmel-fahrt-Jesu-Doktrin. Hinter einem solchen Zugeständnis steckt keine einfache Idee des Nutzens. Es geht vielmehr um die Frage, was zum zeitlosen Kern des Christentums gehört, und diese Frage wiederum steht im Zusammenhang mit den möglichen Auswirkungen, welche die Preisgabe bestimmter Lehren hat – Auswirkungen, die von einer heilsamen Anpassung an das Wissen der Zeit bis zum Untergang der Glaubensgemeinschaft reichen können.

Der entscheidende Punkt ist aber darin zu sehen, dass man im engvernetzten Kernbereich komplexer Glaubenshaltungen niemals sagen kann, was religiös verzichtbar ist und was nicht. Der Nutzenbegriff des Pragmatisten führt also zu einer schädlichen Unklarheit, ja Unentscheidbarkeit, hinsichtlich der Frage des rechten oder wahren Glaubens.

(b) *Symbolistische Theologie.* Es wird behauptet, dass alle Religionen bloß Symbole liefern für das, was sich bildlos nicht ausdrücken lässt, nämlich *The Ultimate Reality*, das Sein des Seienden, im Monotheismus auch «Gott» genannt. Es gibt viele Möglichkeiten, über das Absolute zu sprechen, und nicht alle lassen sich in einem einzigen Grundbild ausdrücken. Sucht man dennoch nach einem solchen Bild, dann stößt man auf eine Leere – so wie man auf die Farbe Weiß stößt, wenn man alle Farben des Regenbogens zusammennimmt. Deshalb gab der amerikanische Theologe John Hick einem seiner Bücher den Titel *The Rainbow of Faiths.*[7]

In der einen oder anderen Variante erfreut sich Hicks Position heute großer Beliebtheit, nicht zuletzt wegen ihrer Liberalität. Das kann über die massive Schwäche dieser Position jedoch nicht hinwegtäuschen. Sie ist dreifacher Natur.

Erstens ist die Rede von der *Ultimate Reality* selbst nicht frei von einer gewissen religiösen Voreingenommenheit: Sie passt besser zu den monotheistischen als den polytheistischen Religionen, besser zu Religionen, welche die bunte Welt der Erscheinungen zurückführen auf ein Grundprinzip des Seins, als zu solchen, die hin-

ter der natürlichen Vielfalt das Wirken einer Vielfalt von übernatürlichen Wesen und Kräften sehen.

Zweitens kann sich auch die symbolistische Auffassung religiöser Gehalte nicht vor der Frage drücken, was die Symbole im Einzelnen bedeuten. Johan Huizinga hat in seiner Studie über den
Herbst des Mittelalters gezeigt, dass der Symbolismus entweder die
religiösen Gehalte ihrer Prägnanz und Eigenart beraubt (weil sie
alle gleichermaßen für das unnennbare Mysterium stehen) oder in
einen wuchernden Beziehungsmystizismus einmündet.[8] Verein-
zelte Beispiele für das beziehungsmystizistische Denken finden
sich auch noch in der Moderne des Christentums, so etwa bei
Simone Weil. Besonders charakteristisch und zugleich befremdlich
wirkt ihre Liste der «Abbilder Christi». Solche Abbilder sind laut
Weil u. a.: Prometheus, die mittlere Proportionale der griechischen
Geometrie, Proserpina, Osiris, Dionysos, Attis, Adonis, Schneewittchen und die Schwester der sieben Schwäne aus dem Grimmschen
Märchen, der geschlachtete Widder, in dessen Gestalt Zeus sich
dem ägyptischen Herakles gezeigt hat, Odin, Melchisedek, Noah,
Krishna und Rama (vor allem Krishna), die Ehefrau in «The bull o'
Norroway», Antigone, Tao.[9]

Drittens: Weils Liste kann, entgegen ihrer christologischen Absicht, auch im Sinne des religiösen Pluralismus eines John Hick
gelesen werden. Sie zeigt dann, dass der *Rainbow of Faiths* jenen
Gläubigen – oder soll man sagen: Metagläubigen? – definiert, dessen Glaube gerade *nicht* konfessionell «verengt» ist. Was aber ist
das für ein Glaube, der von Prometheus über Schneewittchen bis
zum Tao reicht? Die richtige Antwort lautet, dass das gar kein
Glaube ist, und dass Weils monströser Symbolmixtur keine Glau-
benspraxis entsprechen kann.

(c) *Performative Theologie.* Eine weitere universalistische Strategie
besteht darin, das Wesen des Glaubens nicht im Aufstellen von
Behauptungen zu sehen, sondern darin, mit dem Absoluten zu
«interagieren». Es gibt neben nicht-sprachlichen Ritualen auch
sogenannte «performative Akte», das sind Sprechhandlungen, die

typisch religiös und als solche zugleich universell sind.[10] Deren Geltung hängt nicht von einer bestimmten Glaubenserzählung ab. Man denke nur an das Gebet. Der Betende dankt, bittet, fleht, zeigt Reue, gibt seiner Hoffnung Ausdruck, preist Gott, in dessen Hände er sein Schicksal legt, etc. Aber der Betende stellt keine Behauptungen auf, an deren Wahrheit oder Falschheit sich das Gelingen oder Misslingen des Gebets entscheiden würde. Zu beten, sagt die performative Theologie, ist etwas anderes, als Behauptungen aufzustellen.

Von da ausgehend, versucht ein Zweig der modernen Theologie die religiösen Texte so zu lesen, als ob es in ihnen ganz allgemein darum ginge, mit dem Göttlichen oder mit Gott in eine Beziehung der *spezifisch* religiösen Kommunikation zu treten. Demnach geht es in einem Fundamentaltext wie der biblischen Genesis nicht darum, empirische Behauptungen über die Entstehung der Welt aufzustellen, und genau genommen geht es auch nicht um Symbole, insofern Symbole eine Behauptung über das einschließen, was sie symbolisieren. Oder anders und mit Wittgenstein gesagt: «Einem religiösen Symbol liegt keine *Meinung* zu Grunde. Und nur der Meinung entspricht der Irrtum.»[11] Worum geht es dann? Es geht, sagt die performative Theologie, um Sprechakte wie den *Ausdruck des Staunens* über die Schöpfung, um den *Lobpreis* Gottes, um die *Bekundung* der Kreatürlichkeit und das *Einbekenntnis* der Fehlbarkeit des Menschen.

Doch eine solche Theorie ist unhaltbar, zumindest in ihrer radikalen Form. Ihr zufolge dürfen Glaubenserzählungen nicht als Erzählungen verstanden werden, sondern müssen als Teile einer ebenso spezifisch religiösen wie universell gültigen Kommunikation begriffen werden. Demgegenüber ist festzuhalten: Alle Kommunikation, die selbst nicht im Aufstellen von Behauptungen besteht, ist Kommunikation nur deshalb, weil sie die Wahrheit von Behauptungen *voraussetzt* bzw. *einschließt*. Wer betet, der betet nicht zu irgendwem oder irgendwas; stets hat der Betende eine bestimmte Vorstellung von dem göttlichen Wesen, zu dem er betet, und *diese* Vorstellung ist zutreffend nur in Behauptungen über Existenz und Beschaffenheit des göttlichen Wesens ausdrückbar. Diese Vorstellung ist also Teil einer Glaubenserzählung und insofern *nicht an sich* universal, mag auch der Akt des Betens *an sich* ebenso universal sein wie der Akt des Behauptens *an sich*.

Die performative Theologie scheitert daran, dass in jedem Sprachspiel, einschließlich dem der Religion, eine bestimmte Gruppe von Sprechhandlungen fundamental ist, nämlich Behauptungen. Ohne sie könnten Sprechhandlungen überhaupt nicht sinnvoll gesetzt werden. Ein Seufzer Hiobs braucht keine Behauptung einzuschließen. Dann aber ist er kein Akt des Redens, sondern der bloße Ausdruck eines Gefühls. Sobald jedoch aus dem Seufzer eine Klage wird, etwa die Klage darüber, schuldlos einem schrecklichen Schicksal unterworfen zu sein, wird etwas mit Bezug auf Gott und seine Beziehung zu Hiob *ausgesagt*. Genau an diesem Punkt liegt die Grenze der Universalisierbarkeit einer jeden Glaubenserzählung für den Fall, dass ihre Gültigkeit mit den Mitteln der Vernunft nicht demonstrierbar ist. Traditionsbewusster gesagt: Die Grenze wird markiert durch das *lumen naturale*, das «natürliche Licht».

4. Theologie des «natürlichen Lichts»

Was folgt aus all dem? Meines Erachtens, dass der religiöse Universalismus, der dem Christentum immanent ist, nirgendwo anders festgemacht werden kann als auf der Ebene der *natürlichen Theologie*. Sie ist die Theologie des «natürlichen Lichts». Als solche ist sie am unverstellten Wahrheitsgehalt religiöser Aussagen orientiert. Sie ist ihrem Wesen nach bestrebt, sich dem Gebiet des Religiösen mit Evidenzen und Argumenten zu nähern, die beanspruchen dürfen, allen Menschen zugänglich zu sein – zugänglich kraft der natürlichen Erkenntnisquellen (Erfahrung, Vernunft), über die alle Menschen mehr oder weniger verfügen. Niemand bleibt also von der Erkenntnis der wahren Religion ausgeschlossen, bloß weil er nicht einer bestimmten Glaubenskultur entstammt, nicht am Reich des Supranaturalen teilhat und nicht dem Wunder als besonderer, irrationaler Glaubensquelle vertraut.

Es ist wahr, im Christentum gibt es von Paulus bis zu Luther und darüber hinaus eine Linie, welche die Vernunft des Menschen herabzuwürdigen scheint. Ein früher *locus classicus* findet sich im Ersten Korintherbrief 1,19–26. Dort heißt es u. a.: «Denn da die Welt angesichts der Weisheit Gottes auf dem Weg ihrer Weisheit Gott nicht erkannte, beschloss Gott, alle, die glauben, durch die Torheit der Verkündigung zu retten.» Daraus wird später Kierkegaard in seiner *Einübung im Christentum* (1850) folgendes Argument beziehen: In der menschlichen Gestalt Jesu erscheint Gott unter dem Deckmantel des größtmöglichen, absoluten Inkognito; von der Vernunft kann die Lehre, wonach dieser arme, am Kreuz zu Tode gefolterte Mensch Gott sei, nur als eine haarsträubende Anstößigkeit zurückgewiesen werden. Fazit: Der christliche Glaube ist seinem Wesen nach «töricht», d. h. streng irrational.[12]

Dagegen lässt sich vorbringen, dass die Stelle bei Paulus in hohem Maße interpretationsbedürftig ist. Der Kommentar der Jerusalemer Bibel sagt dazu: «Paulus verurteilt hier nicht die echte menschliche Weisheit, die Gottes Gabe ist und dazu verhilft, Gott zu erkennen, sondern eine hochmütige, sich selbst genügende Weisheit.»[13] Einmal abgesehen von der Frage, was eine sich selbst genügende Weisheit sei – vielleicht eine, die verdrängt, dass sie nicht aus sich selbst heraus existieren kann –, geht aus dem Kommentar klar hervor, dass Vernunft und Glaube einander *nicht* widersprechen.

Ebenso wenig widerspricht die natürliche Moral, die sich im wohlerwogenen Gewissensspruch zu Wort meldet, in irgendeiner Weise dem Gesetz Gottes. Hier ist Paulus ein unzweideutiger Gewährsmann, indem er sagt: «Wenn Heiden, die das Gesetz nicht haben, von Natur aus das tun, was im Gesetz gefordert ist, so sind sie, die das Gesetz nicht haben, sich selbst Gesetz. Sie zeigen damit, dass ihnen die Forderung des Gesetzes ins Herz geschrieben ist; ihr Gewissen legt Zeugnis davon ab, ihre Gedanken klagen sich gegenseitig an und verteidigen sich [...]»[14]

Paulus legt zwar größten Wert auf die Feststellung, dass seit dem Erscheinen des Messias unabhängig vom Weg des Gesetzes noch ein anderer Weg existiert, um für Gott als gerecht annehmbar zu werden, und dass dieser zweite Weg der bessere sei. Dabei handelt es sich um den Glauben an Jesus Christus. Doch damit wird weder der jüdische Weg des Gesetzes abgetan noch der Umstand geleugnet, dass Gott *allen* Menschen ins Herz geschrieben hat, was gut und böse ist.[15]

Aber ist seit Kant und seiner Kritik der Gottesbeweise die Idee einer natürlichen Theologie nicht endgültig desavouiert? Das wird zwar oft behauptet, ohne dadurch wahrer zu werden. Kant selbst hat natürliche Theologie betrieben, wenn auch im theoretischen und praktischen Bereich auf unterschiedliche Weise.

Im theoretischen Bereich wollte er zeigen, dass die Gottesbeweise keine Beweise im strengen Sinne sein können, denn sie verwenden Begriffe der Erfahrung, um über Gegebenheiten jenseits aller möglichen Erfahrung zu sprechen. Daraus hat Kant jedoch keinen agnostischen Schluss gezogen. Im Gegenteil, er hielt es für eine regulative Idee der Vernunft, dass es einen absoluten Anfang der Welt geben muss und dass dieser Anfang daher nicht in der Welt der Erscheinungen, die allesamt bedingt sind, liegen kann. Kant legt größten Wert auf die Begrenzung des menschlichen Verstandes: Vom absoluten Anfang der Welt haben wir keinen Begriff. Wir können hier nur in Analogien denken, etwa den absoluten Anfang in Analogie zur freien Schöpfung menschlicher Artefakte. Wir dürfen jedoch, sagt Kant, die Analogie nicht als Beschreibung Gottes missverstehen. Gott ist kein Ding.[16]

Dies einmal zugestanden, muss man zwei Punkte festhalten. Zum einen ist der Agnostizismus eine in sich unverständliche, nicht-intelligible Position. *Als* Vernunftwesen weiß man, dass kein empirischer Anfang der Anfang des Ganzen sein kann, auch wenn man auf nicht-analogische Weise nicht weiß, was es bedeutet, dass Gott der absolute Anfang ist. Zum anderen: Selbst wenn Gott als regulative Idee an sich kein begrifflich fassbares Objekt ist, so wäre doch die Idee Gottes unverständlich, würde damit keinerlei Existenzbehauptung verbunden sein. Alle mit Bezug auf Gott gebrauchten Analogien wären sinnlos, würden sie nicht auf etwas hindeuten, was tatsächlich zum Wesen Gottes gehört, z. B. auf sein freies Schöpfertum, seine Vollkommenheit, seine Liebe.

Was nun den praktischen Bereich betrifft, so hat Kant in seiner Schrift *Die Religion innerhalb der Grenzen der bloßen Vernunft* (1793, 2. Aufl. 1794) an jene Formulierung des Paulus angeschlossen, die besagt, dass Gott das Sittengesetz dem Menschen ins Herz geschrieben hat. Kant verstärkt diesen Punkt. Er sagt, dass die wahre Religion in der Befolgung des Sittengesetzes bestehe, das jedem Menschen kraft seiner Vernunft als absolut bindend erkennbar sei. Alles andere ist laut Kant Aberglaube und Fetischdienst, gleichgültig, ob er von einem tungusischen Schamanen oder einem europäischen Prälaten praktiziert wird.[17]

Aber ist die wahre Religion Kants auch christlich? Geht man davon aus, dass Sittengesetz und Christentum keine Gegensätze sind, dann ist Kants wahre Religion jedenfalls nicht unchristlich.

Das bringt uns zu dem heiklen Punkt: Die natürliche Theologie stützt das religiöse Dogma und Bekenntnis *nicht*. Sie stützt das Christentum, soweit der christliche Monotheismus und die christliche Moral allen Menschen, die vernünftig und guten Willens sind, als das Beste, wofür sich eintreten lässt, nahegebracht werden kann. Alles Weitere ist eine Frage des «bloßen Glaubens». Dass Jesus der eingeborene Sohn Gottes ist, ist – wörtlich genommen – ebenso wenig universalisierbar, wie dass er aus dem Schoße einer Jungfrau geboren wurde und schließlich von den Toten wiederauferstand, um in den Himmel aufzufahren. Gegenüber dem Buchstabenverständnis solcher Lehren verhält sich die natürliche Theologie einerseits agnostisch, andererseits historisch-kritisch.

Das schließt nicht aus, dass man als natürlicher Theologe *auch* Christ ist. Doch statt auf Dogma und Glaubenserzählung als auf etwas zu pochen, was wörtlich genommen werden sollte, wird der Christ unter dem Einfluss des *lumen naturale* nach dem *universalisierbaren* Sinn von Dogma und Glaubenserzählung fragen. Dadurch tritt er heraus aus dem lokalen Mythos und ein in die Sphäre der Menschheitssymbole.

Dass sich auf diesem Wege das Christentum auch innerlich verändert, ist eine Tatsache. Nur *so* allerdings wird es lebendig bleiben, immer vorausgesetzt, die Welt hört nicht auf, die Idee der Menschheit als einer Solidargemeinschaft Schritt für Schritt zu entfalten.

5. Jenseits von Furcht und Zittern

Was bedeutet das bisher Gesagte für das religiöse Empfinden? Ist Letzteres nicht unablösbar verknüpft mit dem, was Kant «Fetischdienst» nannte? Anders gefragt: Wird der religiöse Universalismus nicht unweigerlich zu einem Absterben der religiösen Rituale führen? Und kann es ohne ein religiöses Ritual ein religiöses Empfinden geben, das mehr wäre als das gelegentliche, konturlose Staunen über die Wunder der Welt und das nicht minder flüchtig-amorphe Erschaudern angesichts des Erhabenen, was immer das Erhabene im Zeitalter der Marsflüge und Teilchenbeschleuniger sein mag? Und kann man, christlich gesprochen, einen Gott lieben, der höchstens eine philosophische Evidenz ist, aber kein Gottvater und kein Gottsohn, kein Heiliger Geist, der unzählige Zeichen, Werke und Stätten mit Ehrfurcht und Brausen, mit Leben und Tiefe erfüllt?

Hier sind mehr Fragen als Antworten, und wir sehen die Konturen einer Welt, die sich im religiösen Universalismus bereits eingerichtet hätte, alles andere als wohlumrissen. Es könnte sein, dass wir dieser Welt in den aufgeklärten Kulturen schon sehr nahe sind, aber es könnte ebenso gut sein, dass wir ihre Schwelle noch gar nicht betreten haben.

Im Sommer 2000 versammelten sich über zwei Millionen junger Christen aus vielen Ländern der Erde am Petersplatz in Rom, um mit dem Papst gemeinsam zu beten und zu feiern. Was den Standpunkt einer derartigen Zeremonie betrifft, hätte man sich vor hundert Jahren keine Gedanken zu machen brauchen: Der Katholizismus markierte im Sinne Carl Schmitts eine Freund-Feind-Formation. Er stellte einen universellen Machtanspruch, ohne von seiner Dogmatik, die kulturell hochzentriert war, auch nur einen Schritt abzuweichen. Doch was ist der Geist, der über dem Nachfolger Petri schwebt, heute – ein Geist, der *objektiv* keineswegs identisch sein muss mit dem, was Papst und Vatikan noch immer als *ihre* Position begreifen? Ist das nicht bereits der Geist des religiösen Universalismus, der sich in den lokalen Mantel des Katholischen kleidet? Wo der Geist des Friedens und der Liebe in einem ethisch erheblichen Sinne beschworen und erlebt wird – was, wenn nicht ein religiöses Empfinden *als Ausdruck* des religiösen Universalismus, sollte an einem solchen Ort die Menschen beflügeln?

Es ist typisch für den Universalisten, dass er sich um Rituale keine allzu großen Sorgen macht. Denn, so sagt er, wo der rechte Geist weht, dort werden sich auch die Konventionen einstellen, um ihm Ausdruck zu verleihen. Wo das Leben *so* ist, dass die Menschen das Bedürfnis haben, ihrem Schöpfer zu danken, dort werden sich die Formen finden, und es werden vielleicht die alten Formen sein, nur eben gereinigt um den Ritualismus, der eine Folge des Aberglaubens und der Macht ist. Wo aber das Leben *so* ist, dass die Menschen elend sind und darben (wie heute der größere Teil der Welt), dort wird es auf der Seite der Wohlhabenden nicht darum gehen können, Messen zu lesen, um Gott zu danken, sondern dem Sittengesetz gemäß zu handeln und Solidarität zu üben. *Das*, wird der Universalist sagen, ist unter diesen Voraussetzungen der wahre Gottesdienst.

Was uns der Universalist zu sagen versucht, läuft also darauf hinaus, dass man sich um das religiöse Empfinden nicht dadurch am besten kümmert, dass man es der modernen Rationalität entgegensetzt und am Pol des Irrationalen festmacht.

Werfen wir von hier aus einen Blick auf Rudolf Ottos einflussreiche Analyse des Heiligen. Der Protestant Otto gehörte zu jenen Theologen, die im Geiste des 19. Jahrhunderts meinten, das spezifisch religiöse Moment sei in einer eigentümlich irrationalen Sphäre lokalisiert, dem Heiligen oder «Numinosen», das sich dem Menschen zugleich als ein «fascinans» und ein «tremendum» offenbare. Das Heilige ist demnach jene dem Profanen entgegengesetzte Macht, zu der man sich unwiderstehlich hingezogen fühlt und vor der man doch in Furcht erbebt. Es ist die Macht am Drehpunkt von Tod und Erlösung.

Doch obwohl Otto den Anspruch erhebt, eine streng universale Analyse des religiösen Phänomens zu bieten, ist mit Händen zu greifen, dass er es vor der Profanierung in Schutz nehmen möchte, die unter den Bedingungen des religiösen Universalismus droht. Deshalb legt er in seiner Abhandlung über *Das Heilige* (1917) besonderen Wert auf die Feststellung, dass das Numinose keine ethische Instanz und daher nicht mit den Kategorien einer rationalen Ethik zu erfassen sei.[18] Otto ist, wie vor ihm Kierkegaard, ein Anti-Kant, auch wenn er sich einer Idee Kants bedient, indem er das Heilige als eine Kategorie *a priori* charakterisiert.[19]

Im *Journal der letzten Dinge* habe ich Ottos Albtraum beschrieben, ohne ihn als solchen zu benennen:

«Wie könnte der wahrhaft menschheitsreligiöse Gott aussehen? Kein Rest eines Mythos, dessen Substanz nicht völlig allgemein wäre, dürfte dem Menschheitsgott beigemengt sein. Jahwe, Allah, Vishnu – sie sind in dieser Hinsicht keine tauglichen Götter. Ihre Aura hat sich an bestimmten historischen Orten entfaltet, und ihre Autorität hängt an der Eigentümlichkeit jener Kulturen, in denen sie verehrt werden. Ihr kleinster gemeinsamer Nenner ist zuwenig, um das Gottesbild einer einzigen und einigen Menschheitsreligion zu formen.»

35

«In der Überblendung und Durchdringung der Weltreligionen zeigt sich nicht die wahre, die universale Gestalt Gottes. Es entsteht vielmehr ein verblasenes, konturloses Wesen, zusammengesetzt aus den paar abstrakten Zügen, ‹die wir alle verehren›. Von diesem Wesen weiß man bloß, dass es die Liebe ist, die Wahrheit und die Gerechtigkeit. Im übrigen bleibt es ebenso unverbindlich, wie es untauglich ist, zum Gegenstand der Anbetung zu werden.»

«Mit Schaudern stellt man sich die höchst diplomatische Ausgestaltung seiner Kultstätten vor. Sie alle unterstünden einem UNO-Hochkommissariat für Glaubensfragen.»[20]

Die Pointe ist nun aber, dass sich gegen diese negative Utopie mit Ottos Kategorie des Numinosen nichts ausrichten lässt. Denn die Entdramatisierung und das Blasswerden des *Mysterium tremendum et fascinosum* gehören zu einer Reihe von Vorgängen, die der modernen Welt immanent sind. Modernität ist gleichbedeutend mit der Ent-Irrationalisierung der Lebensverhältnisse, und das bedeutet, dass auch das Numinose, d. h. das radikal Irrationale bei Otto, *rationalisiert* wird. Es verschwindet nicht einfach. Die Ideen des Absoluten und der Kreatürlichkeit sind, recht verstanden, dem menschlichen Geist ebenso unauslöschlich eingeprägt, wie dem menschlichen Herzen die Idee des Sittlichen eingesenkt ist. Nichts verschwindet, aber alles erscheint nun unter einem anderen Licht.

Visionäre Zustände, wie sie für das religiöse Erleben typisch sind, bis hin zu den Bilderfluten der Johanneischen Apokalypse, fallen für das moderne Denken entweder in das Gebiet der Psychiatrie oder in das einer archetypischen und kulturellen Symbolik. Auf keines dieser Gebiete ist Ottos Kriterium der unauflösbaren Irrationalität des Heiligen anwendbar. Immer stehen rationalisierende Fragen des Ursprungs, der Entstehung und der Bedeutung im Vordergrund, ob sich nun Pascal eine Nacht lang im reinigenden Feuer Gottes befindet, oder ob Emanuel Swedenborg den Auftrag erhält, vom wahren Sinn der Offenbarung Zeugnis abzulegen.

Doch auch in der Art und Weise, wie sich der moderne Mensch dem Heiligen zuwendet, sind die Unterschiede zur Gottesfurcht der Alten manifest. Jahwes Anblick war für die Menschen nicht zu ertragen, der Bundeslade durfte man sich nicht ungeschützt nähern. Der jüdische Ritualismus insgesamt war geprägt von der Angst, Gottes Zorn könnte sich über den unbotmäßigen Einzelnen, die ungehorsame Sippe oder das ganze Volk ergießen. Diese drastische Unmittelbarkeit des Heiligen ist für den modernen Gläubigen kein Thema mehr.

Moderne Religiosität ist ein Teil dessen, was Norbert Elias den «Prozess der Zivilisation» genannt hat. Das religiöse Empfinden kann der die ganze Gesellschaft durchdringenden Tendenz zur Affektdämpfung und Kontrolle des Gefühlslebens nicht entkommen. Der Durchschlag des Numinosen wird *rational abgepuffert*, *ästhetisch sublimiert* und *institutionell eingezäunt*. Droht hingegen das religiöse Erleben die Alltagspersönlichkeit zu überfluten, so wird es umdefiniert: Es ist dann ein Fall für die Psychiatrie.

Geht man nun aber davon aus, dass zwischen religiösem Universalismus und moderner Religiosität ein innerer Zusammenhang besteht, gestiftet durch den Prozess der Zivilisation, dann wird ohne weiteres erkennbar, dass Ottos Idee des Heiligen damit nur wenig zu tun hat. Das ist freilich kein Argument für den menschheitsreligiösen Gott; dieser ist auf jeden Fall eine papierene Konstruktion. Die Arbeitsweise eines UNO-Hochkommissariats für Glaubensfragen hätte am ehesten noch Verwandtschaft mit dem römischen Religionskult, der mehr oder minder gleichgültig praktiziert werden konnte. In der modernen Welt, die längst nicht mehr an den Einfluss der Götter auf das irdische Geschehen glaubt, wäre ein solcher Kult bloß eine Art Religions-Esperanto: nicht nur vollkommen überflüssig, sondern darüber hinaus ohne jeden Gefühlswert.

6. Die Zukunft des religiösen Empfindens

Der Gott des religiösen Universalisten lässt sich also nicht durch den abstrakten Gott einer hypothetischen Menschheitsreligion darstellen. Zwar tritt im Universalismus auf der kognitiven Ebene das Allgemeine in den Vordergrund, doch entspricht dem auf der Ebene des religiösen Empfindens eine Neigung zur Individualisierung. Im 19. Jahrhundert hatte die Kunst das Erbe der angestammten Religion angetreten. Das Konzept des genialen Künstlers revitalisierte die Idee des Priesters, der mit dem Göttlichen Kontakt unterhält. Aber das 19. Jahrhundert ist lange vorbei, und die religiöse Aufladung des Genies ist ebenfalls der Säkularisierung - anheim gefallen. Man mag das bedauern, darf indessen die befreiende Seite dieses Vorgangs nicht übersehen: Zum ersten Mal sind in den Angelegenheiten des religiösen Fühlens alle Menschen prinzipiell gleich.

Fortan ist jeder Einzelne *als* Einzelner, der mit Vernunft und Sensibilität ausgestattet ist, auf Gott (die Götter oder das Göttliche) bezogen. Wir brauchen die Mittler nicht mehr deshalb, weil Gott eine Majestät wäre, die nur indirekt mit uns Kontakt aufnähme. Die Mittler sind fortan Bewahrer von Institutionen, Symbolen, Riten und Werken, die unsere Kultur definieren, und manchmal sind sie im Gnadenstand besonderer Empfänglichkeit. Als solche sind sie unverzichtbar, nicht jedoch als Erlebnisautoritäten mit Bezug auf Gott oder das Heilige. Diesbezüglich sind wir im Zeitalter des religiösen Universalismus gleichrangig. Jeder hat, um mit Heidegger zu sprechen, die «Lichtung des Seins» schon immer betreten.

Was das für das religiöse Empfinden im Detail und für die Zukunft bedeutet, lässt sich nur vermuten. Man kommt nicht umhin, mehrere Szenarien zu betrachten, von denen einige deutlich defizitäre Züge aufweisen.

Szenario Nr. 1: Amorphisierung des religiösen Empfindens. Mangels massiver hochkultureller Anhaltspunkte und institutioneller Attraktoren beginnt das religiöse Empfinden zunehmend konturlos zu werden, um schließlich in vielen Seitenkanälen zu versickern.[21]

Szenario Nr. 2: Spiritualisierung des religiösen Empfindens. Das Amorphwerden des religiösen Empfindens wird aufgefangen durch die quasireligiöse Befassung mit der eigenen Subjektivität. Wie um das Goldene Kalb, so dreht sich nun alles um Selbstverwirklichung, Selbsterfüllung und die Fähigkeit, sich mit den «höheren Dingen» zum Zwecke eigenen Wohlfühlens gewinnbringend zu befassen. Die Schleusen zu den Seitenkanälen werden geöffnet, der Name des Unternehmens ist Esoterik. Letztere schafft es, so unterschiedliche Dinge wie Makrobiotik und Astrologie auf einen Gefühlsnenner zu bringen, allerdings immer nur saisonal. Sie ist eine Funktion rasch wechselnder Moden, sodass man ihr die Prognose stellen darf, über kurz oder lang an der eigenen Plastizität zu erlahmen und da und dort härteren Formen der Erlösungssucht Platz zu machen.

Szenario Nr. 3: Re-Mythologisierung des religiösen Empfindens. Es findet eine mehr oder minder spielerische Regression auf blank Mythologisches statt. Wildwüchsige Geschichten über Götter, Zwischenwesen, Magier und Feen werden in verschiedensten *Fantasy*-Welten, dargeboten in Büchern, Computer- und Rollenspielen, durchgelebt. Der *Fantasy*-Kontext ist allerdings zerbrechlich. Er gedeiht nur in entspannten sozialen Verhältnissen, in denen eine juvenile Persönlichkeit vorherrscht, für die der «religiöse Ernstfall» niemals akut wird.

Szenario Nr. 4: Re-Dogmatisierung des religiösen Empfindens. Darunter fällt sowohl die schwärmerische Rückkehr zur Orthodoxie – die «Konversion» im klassischen Stil, die zur Zeit selten ist[22] – als auch die heute häufige Einkehr ins Sektenleben. Es handelt sich, mit einem Wort, um die härteren Formen der Erlösungssucht.

Szenario Nr. 5: Religiöses Empfinden als Ausdruck des religiösen Universalismus. Dieses Szenario ist real und utopisch zugleich. Es ist das Einzige, das dem religiösen Universalismus wirklich gerecht wird, weil es weder zur Anomie noch zur Regression Anlass gibt.

Seine Protagonisten sind «gläubig» in dem jederzeit diskutierbaren Sinne, in dem eine natürliche Theologie ihre Aussagen formuliert.

Daraus folgt, erstens, dass man sich an die greifbaren Dinge des Lebens halten muss, um die ungreifbaren «Dinge» vor dem Amorphwerden zu bewahren und sich selbst vor der Trostlosigkeit. Was heißt das? Vor allem anderen, dass man sich bemühen sollte, ein im kantischen Sinne «gottgefälliges», also moralisch anständiges Leben zu führen.

Dazu gehört, zweitens, insbesondere die Anstrengung, aktive Solidarität zu üben mit den Armen und vom Unglück Betroffenen, ihnen beizustehen, so oft und so gut es geht. Der Mensch hingegen, dessen Evangelium die eigensüchtige Ideologie der Upper Middle-Class ist, denkt und fühlt unanständig, gerade dann, wenn er beansprucht, Christ zu sein. Denn wir alle kennen, als Folge unserer Teilhabe am Göttlichen, das Sittengesetz. Wir alle wissen, was gerecht und ungerecht ist. Daran vermag auch das skeptische Argument nichts zu ändern, das besagt, dass wir in komplizierten Kontexten oft verwirrt sind und nicht immer wissen, wie das Sittengesetz anzuwenden ist. Wir alle unterliegen dem Übel der Endlichkeit, und wir alle sind den Versuchungen des Bösen ausgesetzt.

Aber ist ein Postulat, das eine Parteinahme für «die Armen und vom Unglück Betroffenen» zwingend vorsieht, nicht eurozentristisch und christomorph? Wie kann es dann Bestandteil des religiösen Universalismus sein? Kritiker, die so argumentieren, verweisen gerne auf Kulturen, in denen die Gleichgültigkeit gegenüber dem Leiden anderer als selbstverständlich gilt, wie etwa im indischen Kastensystem und seiner Lehre vom Rad der Wiedergeburten. Doch derlei Argumente werden nicht dadurch besser, dass sie andauernd wiederholt werden. Niemand, der nicht abergläubisch auf eine Reinkarnationslehre fixiert ist oder eine solche Lehre zu seinem eigenen Vorteil ausbeutet, wird eine *gute* Rechtfertigung dafür zur Hand haben, dass man dem leidenden anderen nicht zu helfen braucht. Und niemand, der die Dinge korrekt auseinander zu halten weiß, wird den Umstand, dass eine moralische Auffassung ihren Ursprung an einem bestimmten Ort hat, gegen die Wahrheit dieser Auffassung ins Treffen führen.[23] Man kann natürlich Zweifel daran hegen, ob es überhaupt moralische Grundsätze gibt, die so gute Gründe für sich haben, dass sich kein vernünftiger Mensch ernsthaft gegen sie entscheiden kann. Doch das ist eine andere Argumentationslinie, und wenn ihre Befürworter Recht hätten, dann müsste man den Gedanken des religiösen Universalismus *an sich* verwerfen. Denn ein religiöser ohne einen moralischen Universalismus ist undenkbar: Die wahre Religion impliziert die wahre Moral.

Drittens: Manchmal haben wir das Bedürfnis, Gott um Hilfe anzuflehen, manchmal, Gott zu danken. Nicht alle Menschen der Moderne werden geeignete Formen finden, diesem Bedürfnis Ausdruck zu verleihen. Aber andererseits verpflichtet sich auch niemand zu irgendeiner Form des religiösen Partikularismus, falls er eine Kirche, Synagoge oder Moschee betritt, um dort seinem Glaubensbedürfnis einen Rahmen und eine Form zu geben. Der Geist weht, wo er will. Warum also nicht an *den* Orten, an denen sich die Zwiesprache der Kulturen mit dem Heiligen über viele Generationen und Jahrhunderte hinweg verfestigt hat?

Viertens: In jedem Fall sind die mystischen Augenblicke des Lebens, ob sie von Naturdingen, Tieren oder Menschen ausgehen, selten genug. Wir sind angehalten, ihnen nachzusinnen und sie aufzubewahren. Ihre Botschaft bereichert uns dauerhaft jedoch nur dann, wenn unser Leben selbst eine kognitiv und moralisch handfeste Struktur hat. Wenn es eine Liebe zu Gott gibt, dann muss sie sich in der Anwendung von Prinzipien des liebenden Umgangs der Menschen miteinander und des schonenden Umgangs mit den anderen Wesen und Dingen der Welt realisieren. Zu jenen Prinzipien gehört das der Caritas zentral dazu – eine Mystik ohne praktische Nächstenliebe ist wie ein Rad, das nichts dreht, oder wie ein Spiegel, der sich selbst bespiegelt: eitel, leer und nichtig.

So gesehen ist, fünftens, ein authentisch religiöses Empfinden unter dem Vorzeichen des Universalismus nur möglich, wo die

Welt derart beschaffen ist, dass sie auch ohne die Tröstung des Aberglaubens, die Krücke des Fetischdienstes oder die Blindheit des Agnostizismus auskommt. Wir wissen, dass die Welt häufig *anders* beschaffen ist. Aber das spricht nicht gegen den religiösen Universalismus, sondern dagegen, dass wir häufig leben und sterben müssen, ohne die tiefere Einheit zu erfahren, die uns alle umschließt und eint.

II

VOLLKOMMENHEIT

1. Das Unbedingte

Der Gedanke, dass es nichts gibt außer der Welt – nur Welt, nur Innerweltliches –, hält keiner Betrachtung stand. Wir wissen nicht, was er bedeutet. Er ist unverständlich. Sobald es eine Welt gibt, stellt sich die Frage, woher sie kommt.

Dagegen hilft die Vorstellung, die Welt sei ewig oder unendlich, nichts. Diese Vorstellung führt nur zu einer Unverständlichkeit neuer Art: Wenn jede in der Zeit zurückliegende Weltepisode als Bedingung eine ihr zeitlich vorausliegende Weltepisode hat, und wenn die Kette zwischen bedingten und bedingenden Weltepisoden an keinem Punkt an ein Ende kommt, dann hat womöglich noch gar nichts begonnen. Dann gibt es womöglich keine Welt. Denn zu sagen, dass die erste Bedingung der Welt «unendlich weit zurückliegt», kann bedeuten, dass sie nicht realisierbar ist, *weil* sie unendlich weit zurückliegt.

In einer anderen Deutung könnten wir uns vorstellen, dass, je weiter wir in der Zeit zurückgehen, der zeitliche Abstand zwischen den Weltepisoden immer kürzer wird und schließlich dazu neigt, «unendlich klein» zu werden. Unter dieser Voraussetzung könnte die Weltdauer eine endliche Erstreckung haben, so, wie die Infinitesimalrechnung lehrt. Dann jedoch müssten wir zu dem absurden, in sich widersprüchlichen Resultat gelangen, dass wir uns bereits in der Gegenwart befinden, diese aber noch gar nicht erreicht haben *können*. Denn unabhängig davon, wie klein der zeitliche Abstand zwischen den einzelnen Schritten ist, die wir zu durchlaufen haben, eine unendliche Anzahl von Schritten lässt sich von uns *prinzipiell* nicht durchlaufen.

Wir haben also einen guten Grund, die Welt so zu denken, dass ihre Entstehung bis zur Gegenwart in einer endlichen Anzahl von

Schritten, die alle eine endliche zeitliche Erstreckung haben, vor sich geht. Dann freilich stellt sich *notwendig* die Frage der ersten Bedingung.

Die erste Bedingung kann nicht anders als absolut gedacht werden. Es gehört zum Wesen der ersten Bedingung, selbst nicht bedingt zu sein. Deshalb lässt sie sich auch nicht als empirische Bedingung auffassen. Denn für alles Empirische gilt, dass es Umstände gibt, unter denen es existiert, und Umstände, unter denen es nicht existiert. Es gehört zum Wesen des Empirischen, d. h. alles «Innerweltlichen», *bedingt* zu sein.

Die absolute Bedingung ist kein Bestandteil des Innerweltlichen. Sie gehört nicht zur Welt. Man kann sagen, dass die Welt mit einem bestimmten Ereignis, dem Urknall vor vielen Milliarden Jahren, beginnt. Und das bedeutet, dass der Urknall das «Ereignis an der Grenze» ist: Er ist der Ort der Hervorbringung aller Weltbauprinzipien. Als solcher ist er zugleich ein Nicht-Ort und nicht weiter bestimmbar. Dort, wo sich der Urknall ereignet, werden Raum und Zeit gerade erst konstituiert, zusammen mit den Regeln, die unser Universum beherrschen.

Was immer der Urknall physikalisch sein mag, er ist auch ein Ort der Projektion. Die Frage lautet, was *von Anfang an* gegeben sein musste, damit die Welt so werden konnte, wie sie ist. Sind einige dieser Gegebenheiten bekannt, dann werden sie der Verfassung des Urknalls zugerechnet – sie werden auf den Nicht-Ort projiziert. Dabei handelt es sich, so möchte man sagen, um die Ausgestaltung der uns zugewandten Seite des Weltanfangs. Das Herz des Urknalls liegt jenseits der Grenze, es ist mit dem Absoluten verwachsen.

Aber sind nicht alle Ereignisse «Ereignisse an der Grenze»?

Es hat die Menschen seit alters her berührt, dass etwas *ist*. Worin gründet das Geheimnisvolle der Existenz? Der Positivist sagt – und der gesunde Menschenverstand ist geneigt, ihm zuzustimmen: Da ist nichts Geheimnisvolles. Die Existenz der Dinge lässt sich *erklären*. Warum steht da ein Baum? Weil da ein Same war, und Erde, Wasser, Licht, Luft, Wärme, und weil diese Dinge zusammengenommen Gesetzmäßigkeiten unterliegen, die über eine Reihe von Entwicklungsschritten einen Baum hervorbringen.

Gegen den Positivisten wird bisweilen der Vorwurf erhoben, das Problem der Existenz zu banalisieren. Demnach gipfelt das Problem der Existenz in der Frage: Warum existiert *überhaupt* etwas? Diese Frage unterstellt, dass es *natürlicher* wäre, wenn *nichts* existierte. Doch das ist ein Missverständnis. Es rührt daher, dass wir normalerweise die Existenz von Dingen innerhalb der Welt so betrachten, wie wir die Existenz eines Baumes auf einer Wiese betrachten. Zunächst war der Baum nicht *da*, und solange er nicht da war, bestand kein Grund, seine Existenz hier und jetzt zu erklären. In diesem Sinne war der Zustand der Wiese vor der Existenz des Baumes «natürlicher», denn da war immerhin *eine* Sache, die man *nicht* erklären musste, nämlich die Nichtexistenz des Baumes.

Normalerweise braucht man die Nichtexistenz von Dingen nicht zu erklären. Wollte ich erklären, warum vor meiner Haustüre kein Ameisenhügel steht, so wäre das eine merkwürdige Fleißaufgabe: Warum sollte dort einer stehen? Grundsätzlich anders verhält es sich mit der Frage, warum *überhaupt* etwas existiert. Denn die Annahme, dass es natürlicher wäre, wenn gar nichts existiert, ist *vollkommen unverständlich*.

Entweder die Welt wird als eine Art leerer Behälter vorgestellt. Dann muss es eine andere Welt geben, von der aus dem Begriff der Leeren-Behälter-Welt ein Sinn gegeben werden kann. Es müssen die empirischen Merkmale festgelegt werden, welche die Leere-Behälter-Welt hat: Wo ist sie? Wie groß ist sie? Aufgrund welcher Begrenzung ist es gerechtfertigt, hier von einem Behälter zu sprechen? Oder man versucht, unsere Welt schon als die einzige und ganze Welt und dabei doch als einen leeren Behälter zu denken.

45

Dann denkt man etwas Unsinniges. Es gibt dann eben keinen Standpunkt, von dem aus sich die Welt als ein leerer Behälter auffassen ließe.

Wird die Welt nicht als eine Teilwelt gedacht, sondern als *die* Welt, dann sagt, wer sagt, dass in der Welt nichts existiert, nicht mehr und nicht weniger, als dass die Welt nicht existiert. Wie sollten wir uns dann aber einen Zustand vorstellen, in dem die Welt nicht existiert? Die Wahrheit ist, dass wir uns einen solchen Zustand *nicht* vorstellen können. Stellen wir uns vor, dass nichts existiert, dann sind wir gezwungen, uns einen Standort vorzustellen, von dem aus gesagt werden könnte, dass nichts existiert. Hier wird ein Widerspruch offenkundig. Dass nichts existiert, schließt ein, dass auch kein Standort existiert, von dem aus gesagt werden könnte, dass nichts existiert.

Kurzum, dass die Welt existiert, ist natürlicher und vernünftiger, als dass sie nicht existiert. Denn die Nichtexistenz der Welt ist ein widersprüchlicher Gedanke.

Was also ist das Geheimnisvolle an der Existenz der Dinge? Die Antwort lautet: Die Existenz kann sich nicht selbst tragen, so wenig wie sie aus nichts entstehen kann.

In allen Dingen, in den kleinsten wie den größten, sehen wir immer das Gewordene. Wir sehen den Berg, der sich uns darstellt als eine Summe von Merkmalen. Wir sehen ihn als ein Ding, das eingebettet ist in den Fluss der Ereignisse, aus denen die Welt und ihre Geschichte besteht. Außerdem sehen wir den Berg als einen Komplex von Merkmalen, die einerseits auf noch komplexere, andererseits auf einfachere und einfachste Merkmale verweisen. Woher und wohin? Und woraus? Das sind die Fragen, die wir an den Berg stellen, solange wir sein *Wie* im Auge haben.

Das Geheimnisvolle der Dinge ergibt sich daraus, dass allen Wie-Fragen die Feststellung zugrunde liegt, *dass* die Dinge sind. Das Wie-Sein der Dinge ist nicht identisch damit, dass sie *sind*. Das Wie-Sein der Dinge ist nicht das Sein der Dinge.

Hier schüttelt der Positivist den Kopf, und der gesunde Menschenverstand ist geneigt, den Kopf mitzuschütteln. Worin könnte denn die Existenz der Dinge bestehen, wenn nicht in der Existenz ihrer Eigenschaften? Ein konkreter Berg existiert nicht abzüglich seiner Eigenschaften. Die Idee eines eigenschaftslosen Trägers von Eigenschaften ist eine Illusion, erzeugt durch die Grammatik unserer Sprache. Wir bauen Sätze aus Satz-Subjekten auf, denen Prädikate zugeordnet werden. So entsteht eine scheinbare Zweiheit: erstens Dinge, die existieren, und zweitens Merkmale, die den existierenden Dingen anhaften.

Doch diese Kritik trifft nicht den Punkt. Sie versteht nicht den tieferen Anlass unseres Staunens über die Existenz der Dinge. Wir können immer nur existierende Dinge umschaffen, immer nur aus alten Dingen neue Dinge machen. Das ist eine Limitierung, die das Modell für unser Verständnis der Natur liefert. Auch die Natur «schafft um». Bloß steht hinter den Veränderungen der Natur – jedenfalls *der* Natur, die sich dem Wissenschaftler darbietet – kein Subjekt, welches die Veränderungen herbeiführt.

Wir können kein neues Seiendes schaffen; und auch die Natur kann das nicht. Innerhalb der Welt kann kein Seiendes entstehen, es sei denn, es entsteht aus bereits Daseiendem. Für das Wie-Sein eines Dinges gibt es stets einen Grund in der Welt; aber für sein Da-Sein selbst, für seine Existenz, gibt es keinen solchen Grund.

Es muss einen Grund des Seienden geben, der selbst nicht in der Welt zu finden ist.

Entstehung im Sinne von Verwandlung und Entstehung im Sinne von Schöpfung sind zwei Aspekte des einen Seins der Dinge. Die Verwandlung spielt in Raum und Zeit, aber die Schöpfung spielt an der Grenze. Alle Schöpfung kommt aus dem Zeitlosen.

Solange die Dinge existieren, haben sie an der Schöpfung teil. Der Urknall betrifft nur das Wie-Sein der Dinge. In ihrem Da-Sein jedoch offenbaren sich die Dinge als Teil der Schöpfung.

Gewiss, wir können den Baum nicht *als* Dasein an sich sehen. Es gibt keine Wahrnehmung der reinen Existenz. Stets nehmen wir am Baum seine Eigenschaften wahr, seine Ordnung und Fülle. Doch die Existenz des Baumes, wie sie sich in seinem Wie-Sein bekundet, kann zu einem überwältigenden Eindruck werden: Der Baum ist *da*.

Das ist das Wunder. Es entzieht sich jeder Benennung und allem Begreifen; zugleich aber ist es die Quelle eines Sinns, den nicht wir selbst erzeugen.

Im 15. Kapitel von Johan Huizingas *Herbst des Mittelalters* finden wir eine wunderbare Stelle. Sie lautet:

«Es gibt keine große Wahrheit, deren der mittelalterliche Geist gewisser war, als jener des Wortes an die Korinther: ‹Videmus nunc per speculum in enigmate, tunc autem facie ad faciem.› ‹Wir sehen jetzt durch einen Spiegel in einem dunklen Wort, dann aber von Angesicht zu Angesicht.› – Man übersah niemals, dass jedes Ding ohne Sinn sein würde, wenn seine Bedeutung sich in seiner unmittelbaren Funktion und Erscheinungsform erschöpfte, dass alle Dinge ein gutes Stück in die jenseitige Welt hineinragen. Solches Wissen ist auch uns als unformuliertes Gefühl noch jeden Augenblick vertraut, wenn etwa das Geräusch des Regens auf den Blättern der Bäume oder der Schein der Lampe auf dem Tisch in einer stillen Stunde hindurchdringt zu einer tieferen Wahrnehmung als der alltäglichen, die dem praktischen Denken und Handeln dient.»[24]

Das Kapitel, in dem sich diese Stelle findet, trägt den Titel: «Niedergang des Symbolismus». Die Stelle ruft, ungeachtet ihres historischen Kontexts, den Skeptiker auf den Plan. Unformulierte Gefühle bieten doch keine Gewähr, dass hier, beim Geräusch des Regens auf den Blättern der Bäume, oder dort, beim Schein der Lampe auf dem Tisch in einer stillen Stunde, tatsächlich etwas anderes im Spiel wäre als dies und jenes Gefühl. Dass alle Dinge ein gutes Stück in die jenseitige Welt hineinragen – ist das nicht bloß ein mystifizierendes Bild für das Gefühl, einem Geheimnis zu begegnen? Objektiv betrachtet ist da jeweils nur ein wohlbekannter Ausschnitt der Welt, kein Geheimnis. Die Welt ist kein Vorhang vor einer anderen, jenseitigen Welt.

Der Skeptiker ist in uns allen. In den meisten von uns meldet er sich umso stärker zu Wort, je älter wir werden. Wir haben das Geräusch des Regens auf den Blättern der Bäume schon oft gehört, wir sind schon oft in einer stillen Stunden unter dem Schein der Lampe beim Tisch gesessen – vielleicht schon zu oft. Der Zauber beginnt sich zu verflüchtigen. Was übrig zu bleiben droht, ist die Welt als Faktum. Es ist wie es ist. Und je länger unser Leben währt, je müder, hinfälliger, leidender es uns werden lässt, desto aufdringlicher wird alles Funktionelle und Technische. Die Dinge treten uns als Hindernisse entgegen. Wir müssen sie überwinden, um den Tag zu bestehen und die Nacht. Unser Auge wird ganz Sorge. Überall sehen wir Geräte und Gerätschaften, von denen unser Fortkommen, unser Leben und Weiterleben abhängt. Und über aller Daseinsmühsal schweben die Gespenster der Sinnlosigkeit des Getriebes, der Langeweile unserer leeren Tage, der Banalität alter Lieben, der Asche rundum.

Für den Skeptiker bedeutet der Niedergang des Empfindungsvermögens, dass das tröstliche Gefühl, «durch einen Spiegel in einem dunklen Wort» zu blicken, einer Illusion entsprang, für denjenigen jedoch, der geblickt hat, bedeutet es, dass die Zeit zum Sterben gekommen ist.

2. Das Notwendige

Kein Faktum in der Welt müsste so sein, wie es ist. Daran ändern die Naturgesetze nichts. Zwar berufen wir uns auf sie, um von den Fakten zu sagen, sie seien notwendig so, wie sie sind. Aber die Naturgesetze selbst sind nicht notwendig. Also sind auch die Fakten, die von Naturgesetzen beherrscht werden, nicht notwendig.

Hier ließe sich immerhin Folgendes einwenden: Sprechen die Naturgesetze nicht über Zusammenhänge und Kräfte, über Ursachen und Wirkungen, die mit Notwendigkeit gelten? Was ist die kausale Notwendigkeit, wenn sie nicht eine Notwendigkeit ist? David Humes berühmtes Gegenargument lautet: Man sieht immer nur, wie ein Ereignis auf ein anderes Ereignis folgt, und man stellt fest, dass auf bestimmte Ereignisse regelmäßig bestimmte andere Ereignisse folgen; aber niemals sieht man dabei etwas darüber hinaus. Niemand, sagt Hume, sieht über die regelmäßige Abfolge der Ereignisse hinaus eine Notwendigkeit, mit der die Ereignisse aufeinander folgen.

Das Argument von Hume ist nicht so klar, wie es auf den ersten Blick scheint. Denn prinzipiell müssen wir von Ereignissen, die regelmäßig aufeinander folgen, *ohne* dass zwischen ihnen ein Kausalbezug herrscht, solche Ereignisse unterscheiden, die *kausal* aufeinander folgen. Zwei Lichter mit gleicher Blinkfrequenz können regelmäßig nacheinander aufleuchten, weil sie *zufällig* nacheinander eingeschaltet wurden, oder zwei Lampen können nacheinander aufleuchten, weil sie durch einen Stromkreis miteinander so verbunden sind, dass das Ausschalten der einen Lampe das Einschalten der anderen *bewirkt*. Der Unterschied zwischen zufälligen und kausalen Ereignisfolgen lässt sich also nicht durch den Hinweis bestreiten, dass man die Faktoren, die diesen Unterschied bedingen, nicht *sieht*.

Das einmal zugestanden, bleibt es dann aber wahr, dass die Geltung der Naturgesetze selbst bloß eine faktische und daher nicht notwendig ist. Dass in unserer Welt gerade *die* Gesetze gelten, die *gelten*, ist als Faktum hinzunehmen, nicht mehr. Der Urknall, sagt die Wissenschaft, hätte auch zu einer anderen Menge von Grundgesetzen führen können – und es gibt Spekulationen, die besagen, dass man nicht von vornherein ausschließen kann, dass der Urknall zu einer Mannigfaltigkeit von Parallelwelten geführt hat, in denen jeweils andere Naturgesetze gelten. Das ist ein verwirrender Gedanke. Ob er wahr ist, wissen wir nicht; dennoch bringt er eine Möglichkeit zum Ausdruck. Dass unser Universum so organisiert ist, wie es organisiert ist, ist von innen her betrachtet – das heißt: vom menschlichen Standpunkt aus – zufällig.

Kant hatte behauptet, gewisse Strukturen der Welt seien *nicht* kontingent, weil sie dem, was als Faktum erscheint und erkannt wird, *von der Seite des Subjekts her* aufgeprägt würden, z. B. die Dreidimensionalität des Raumes oder die Beziehung zwischen Ursache und Wirkung (Kausalität). Da solche «apriorischen» Strukturen überhaupt erst festlegen, was ein Faktum sein *kann* und was nicht, verfügt laut Kant jedes menschliche Subjekt über ein Struktur-Wissen, das seinerseits durch *kein* Faktum widerlegbar ist.

Doch das kantische Argument hat sich als weitgehend unbrauchbar erwiesen. Zwar bestreitet die Wissenschaft nicht, dass das, was als Welt in Erscheinung tritt, durch die Arbeitsweise unseres Gehirns bestimmt wird; aber diese ist ihrerseits *kontingent*. Kant war der Meinung, dass die allgemeinsten Strukturprinzipien der Welt, wie Raum, Zeit und Kausalität, gar nicht in der empirischen Welt wurzeln. Ihren nicht-empirischen Ursprung, für den wir eigentlich keine Begriffe haben, nannte Kant «transzendental». Hier indessen ist der Philosoph, schenken wir der Wissenschaft Glauben, einer Mystifikation erlegen. Die Konzepte von Raum, Zeit und Kausalität haben sich evolutionär herausgebildet, ebenso wie die Gehirne, in deren DNA jene Konzepte genetisch vorprogrammiert sind.

Vergessen wir aber nicht: Wir urteilen von innen her. Wir können uns nicht über das Universum erheben. Wir können nicht von außen auf die Welt blicken. Wir sind nicht Gott.

Im Übrigen reden wir, wenn wir *so* reden, in Bildern. Das Universum hat kein Außen. Es ist, vom menschlichen Standpunkt aus betrachtet, schon alles, was es gibt. Dennoch sind wir imstande, die Idee des Universums zu bilden. Ja, wir können gar nicht anders: Die Idee schließt ein, dass das Universum *nicht* alles ist. Die Idee des *Alles* erfordert, bezogen auf das Ganze der Welt, ein *Mehr-als-Alles*, nämlich einen Grund der Existenz des Ganzen.

Aber könnte das Universum nicht zufällig entstanden sein – *ex nihilo*: aus dem Nichts? So, dass es keines Grundes des Ganzen bedürfte?

Dazu erstens: Zufall kann es nur geben vor dem Hintergrund einer Ordnung. Wir sagen, dass das Roulett ein «determiniertes System mit Zufallseigenschaften» ist. Wir wissen nicht, ob die Kugel auf Rot oder Schwarz fallen wird. Die Chancen stehen bei jedem Lauf fünfzig zu fünfzig. Das nennen wir Zufall. Aber wir wissen, dass das Roulett eine Maschine ist, die den Gesetzen der Mechanik gehorcht. Andernfalls wären wir außerstande, zu behaupten, dass die Chancen der Kugel, auf Rot oder Schwarz zu fallen, bei jedem Lauf fünfzig zu fünfzig sind. Unsere Überlegung bezüglich des Zufalls lautet also: *Gegeben die Gesetze der Mechanik* (und vorausgesetzt, das Roulett wurde nicht manipuliert) stehen die Chancen fünfzig zu fünfzig. Zufällig sein, heißt also nicht, aus dem Nichts entstehen.

Zweitens: Die Vorstellung einer Entstehung aus dem Nichts hat keinen Sinn. Was übrig bleibt, wenn nichts existiert, ist eben – nichts. Wenn nichts existiert, ist nichts übrig geblieben, von dem man sagen könnte, es sei übrig geblieben, nicht einmal das Nichts. Daraus folgt, dass aus dem Nichts nicht etwas entstehen kann, denn der Begriff des Entstehens schließt ein, dass es *etwas* gibt, aus dem etwas *anderes* entstehen kann.

Wenn es keinen Sinn hat, zu sagen, dass das Universum zufällig entstanden ist, dann kann das Universum nicht zufällig entstanden sein. Und was für das Universum gilt, das gilt auch für alle seine Teile. Dass die Kugel beim Roulett zufällig auf Rot oder Schwarz fällt, kann nicht heißen, dass das, was der Kugel passiert, ihr vor dem Hintergrund der Weltkulisse gleichsam aus dem Nichts heraus widerfährt. Weder gibt es ein Nichts, noch kann aus dem Nichts etwas entstehen.

Auch wenn also vom menschlichen Standpunkt aus betrachtet alles, was ist, als kontingent erscheint, so muss es doch einen

Standpunkt geben, von dem aus sich alles, was ist, als nicht-kontingent erweist. Nennen wir diesen Standpunkt «den Standpunkt Gottes».

Vom Standpunkt Gottes aus erscheint alles, was ist, als notwendig. Deshalb müssen wir diesen Standpunkt als einen Standpunkt außerhalb der Welt denken.

Aber das ist nur ein Bild. Es gibt kein «Außerhalb der Welt», weil der Raum, der das «Innen» und das «Außen» definiert, mit der Welt mitgesetzt wird.[25]

Die Kontingenz ist eine menschliche Illusion. Vom Standpunkt Gottes aus betrachtet ist alles, was ist, notwendig so, wie es ist. Das kann aber nicht heißen, dass alles durch Naturgesetze fixiert ist. Denn die Naturgesetze selbst sind kontingent. Es ist klar, dass hier ein anderer Begriff der Notwendigkeit ins Spiel kommt.

Denken wir an das Vollkommene, an das vollkommen Gute ebenso wie an das vollkommen Schöne. Wenn es sich dabei wirklich um Vollkommenes handelt, dann darf daran nichts geändert werden. Alles, was im Rahmen der Vollkommenheit existiert, ist notwendigerweise so, wie es ist, und nicht anders. Angenommen, das Universum ist – vom Standpunkt Gottes aus betrachtet – vollkommen: Dann ist es notwendig so, wie es ist. Dass wir es als kontingent erfahren, hat damit zu tun, dass wir die wahre Ordnung des Universums, seine Vollkommenheit, nicht erkennen. Für uns sind die Übel real.

Aber wird hier nicht gesagt, dass das Vollkommene existieren *muss*? Nein. Es wird gesagt, dass es nur *einen* Grund dafür geben kann, warum die Welt existiert, nämlich den, dass sie vollkommen ist.

Ein Kunstwerk ist vollkommen, weil sich seine Elemente so zueinander verhalten, wie sie es tun. Jede Veränderung würde das Werk zerstören. Wenn es vollkommen sein soll, dann muss es so sein, wie es ist; das schließt indessen *nicht* ein, dass es erzeugt werden *muss*. Es besteht kein Widerspruch darin, zu sagen, dass etwas

Vollkommenes hätte entstehen können, aber nicht entstand, oder dass es entstanden ist, aber zerstört wurde.

Nun legt sich folgende Konsequenz nahe: Selbst wenn wir voraussetzen, dass die Welt vom Standpunkt Gottes aus vollkommen ist, erhalten wir keine Antwort auf die Frage, warum sie existiert. Wir erhalten bloß eine Antwort darauf, warum sie *so* ist, wie sie ist, nicht darauf, *dass* sie ist. Doch dieses Argument übersieht den entscheidenden Punkt: Es geht hier um einen Begriff von Notwendigkeit, der ohne die Annahme einer geistigen Substanz, welche Sein und Wert *innerlich* verknüpft, gar nicht denkbar ist. Jeder Versuch, uns begreiflich zu machen, warum die Welt existiert, wäre missraten, würde er voraussetzen, dass Gott die Welt hervorbringen *muss*.

Es ist nicht sinnvoll, sich Gott nach dem Modell eines Wesens zu denken, das keine Wahl hat, etwa nach dem Modell einer Psychomaschine. In diesem Sinne ist es logisch ausgeschlossen, dass es eine Erklärung dafür gibt, warum überhaupt etwas ist und nicht vielmehr nichts. Doch in einem anderen Sinne gibt es eine Art von Erklärung. Sie lautet: Es ist kein Zufall, dass Gott die Welt hervorbringt. Denn vom Standpunkt Gottes aus ist nichts zufällig. Zwischen seinem Wesen und der Welt besteht ein innerer Zusammenhang: Vollkommenheit. Und die Welt hervorzubringen *ist das Beste, was Gott tun kann*; denn von seinem Standpunkt aus betrachtet ist die Welt so, wie sie ist, vollkommen.

In seinem Roman *Der Ekel* lässt Jean-Paul Sartre einen Lehrer und Tagebuchschreiber namens Roquentin die Existenz eines Kastanienbaumes «erleben». Das ist eine künstliche und erkünstelte Situation. Ihr aufdringlichster Aspekt besteht darin, dass sich das Da-Sein vom Wie-Sein des Baumes gleichsam sinnlich emanzipiert. An der herausisolierten Existenz des Baumes «erfährt» Roquentin schockartig die Sinnlosigkeit der Welt. Die herausisolierte Existenz hat keine Bedeutung. Sie ist da als das absolut Bedeutungslose. Sie ist das Faktum schlechthin: Es ist wie es ist. Das stürzt Roquentin in eine *visio horrifica*. Er sieht, dass alles, was ist, *zuviel* ist. Sein Auge beginnt an diesem Zuviel zu ersticken.

Tatsächlich erleidet Sartres Held, überflutet von der Masse sinnloser Existenz, einen visuellen Erstickungsanfall. Roquentin erfasst das Geheimnis des Daseins so, als ob es losgelöst vom Wie-Sein der Dinge in den Blick treten könnte. So sieht er, im Würgegriff einer bösartigen Ekstase, nur unfassbar Überflüssiges, ohne zu realisieren, dass er das Opfer einer paradoxen Illusion ist: Er sieht das Absolute als Faktum.[26]

Was Roquentin erlebt, ist die pure Kontingenz des Seins. Weil alles zufällig ist, ist ein Jedes zuviel. Es lässt sich nicht leugnen, dass wir der «Illusion der Kontingenz» unterliegen. Diese Illusion gehört zum Menschsein dazu. Sartre war Atheist, und so war seine Annahme konsequent. Gleichzeitig aber war sie ein abstraktes Theorem, hinter dem der Wille einer Generation stand, sich im Sinnlosen zu behaupten, und zwar um einer Freiheit willen, die es im Sinnlosen nicht gibt. Tatsächlich ist der Atheismus Sartres ein Postulat unter der Annahme, dass die Existenz der Welt keinen Grund hat. Es ist wie es ist, *und nichts weiter.*

Doch dieses Postulat ist prinzipiell unverständlich. Es ist *nicht-intelligibel.* Zwar machen wir laufend Kontingenzerfahrungen, aber wir verbinden damit keine Annahme über das Wesen der Dinge. Eine Lawine verschüttet ein Gruppe von Touristen. Wir können das Unglück nicht anders begreifen, als darin einen «tragischen Zufall» zu erblicken. In ihm tritt hervor, dass sich der Lauf der Welt bis ins Einzelne über die Wünsche und Hoffnungen der Menschen hinwegsetzt. Wir wissen, dass es so ist, und wir können zugleich nicht anders, als dem Ganzen einen Sinn zuzusprechen, mag er uns auch gänzlich verborgen sein. Das hat damit zu tun, dass das Ganze *existiert.*

Aus dem Umstand, dass wir die Notwendigkeit der Existenz im Einzelnen nicht begreifen können (außer vielleicht in mystischen Momenten, die nur wenigen zuteil werden), schließen wir nicht, dass alles sinnlos sei. Wir rechnen die Kontingenz-Illusion, der wir nicht entrinnen können, unserer Endlichkeit zu: Unsere Sinne sind umschlossen von der kompakten Mauer der Ignoranz, die unsere Natur *ist*, und unser Verstand spendet nur wenig Licht.

Durch den Hinweis auf Gottes Standpunkt wird nicht eine ausgezeichnete «Subjektivität» ins Spiel gebracht, gleichsam eine Hyperperspektive absolut gesetzt. Gott ist kein absolutes Koordinatensystem. Denn jedes System dieser Art schließt einen Widerspruch in sich. Das war der vorrelativistische Albtraum. Koordinatensysteme definieren Beobachtungs- und Konstruktionsstandpunkte. Selbst wenn es im Universum nur *einen* Beobachter-Konstrukteur gäbe, könnte er sich immerhin *vorstellen*, dass ein anderer existiert. Er könnte sich vorstellen, dass ein zweites Koordinatensystem existiert, aus dessen Blickwinkel sich die Dinge und Verhältnisse anders darstellen. Um Raum und Zeit als absolut zu denken, musste Newton die Existenz eines absoluten Koordinatensystems unterstellen.

Aber um Gott ein «Wissen» der absoluten Weltkoordinaten zuzumuten, hätte Gottes Vorstellungskraft auf eine defekte Weise beschränkt werden müssen. Gott hätte so gedacht werden müssen, als ob er der Beobachter-Konstrukteur wäre, der sich die Existenz anderer Beobachter-Konstrukteure *nicht* vorstellen kann. Zu wissen, dass man ein Beobachter ist, meint jedoch, zu wissen, dass es mit Bezug auf jeden beliebigen Gegenstand der Beobachtung eine unausschöpfbare Reihe von möglichen Beobachtungsperspektiven gibt, und dementsprechend eine unausschöpfbare Menge von Standpunkten, von denen aus der Gegenstand in Raum und Zeit entworfen und dargestellt werden kann.

Analoges gilt für alle Subjektivität. Zu wissen, dass etwas subjektiv ist, schließt ein, dass das, was so ist, in Abhängigkeit steht zur Konstitution und relativen Lage des Subjekts. Objektivität hingegen meint, auf die kürzeste Formel gebracht: *Absehung vom Subjekt*. Freilich, ein Subjekt, das zur Gänze objektiv geworden wäre, hätte sich selbst aufgehoben.

Wittgenstein sagt im *Tractatus*, dass es einen Sinn gibt, in dem in der Philosophie nicht-psychologisch vom Ich die Rede sein kann: «Das Ich tritt in die Philosophie dadurch ein, dass die ‹Welt meine Welt ist›» (Nr. 5.641). Gleichzeitig gilt, dass die Welt zu beschreiben nichts anderes bedeutet, als von meiner Perspektive zu abstrahieren. Die Welt beschreibend schrumpfe ich gleichsam zu einem ausdehnungslosen Punkt zusammen, und das, was übrigbleibt, ist die Welt, so wie sie ist.

Dass durch Gottes Standpunkt keine Subjektivität ins Spiel gebracht wird, ist eine schwer fassliche Position. Außerdem rührt sie an die heikle Frage, inwiefern Gott als Person vergegenwärtigt werden darf. Sind reine Objektivität und Personalität vereinbar?

Wie wäre es möglich, dass die Welt meine Welt ist, wenn ich keinen Begriff davon hätte, dass ich zur Welt eine relative Lage einnehme, die sich von der Lage anderer Menschen unterscheidet, und zwar derart, dass wir unsere Perspektiven wechselseitig aufeinander beziehen können? An meiner Fähigkeit, mich als das Subjekt – das «Ich» – hinter allen meinen Erlebnissen zu begreifen, ist etwas Transzendentales. Zugleich aber handelt es sich um die Fähigkeit, mich relativ zur Welt zu positionieren. Es handelt sich um die Fähigkeit, zu erkennen, dass meine Position zur Welt relativ ist, abhängig von meiner Subjektivität. Ohne diese hätte ich als der transzendentale Bezugspunkt all meiner Erfahrungen nichts, worauf ich meine Existenz stützen könnte. *Ich* wäre so gut wie nicht existent. Und so gut wie nicht existent zu sein, ist hier dasselbe, wie nicht existent zu sein.

Wenn also die Welt vom Standpunkt Gottes aus vollkommen ist, dann muss es in der Struktur der Welt selbst liegen, dass sie vollkommen ist (und dabei spielt es dann keine Rolle, ob *wir* die Struktur der Welt erkennen können oder nicht).

3. Der Standpunkt Gottes

Es ist nicht angebracht, Gott im Kontext der Vollkommenheit der Welt nach dem Modell einer Person zu denken, die aus ihrer subjektiven Lage heraus urteilt. Der Standpunkt Gottes ist ein «absoluter Standpunkt», ein Nicht-Standpunkt als Ort der Erkenntnis. Das klingt dialektisch und paradox und muss mit dem Vorwurf rechnen, nichts als Wortgeklingel zu sein. Wir können auch sagen: Gott nimmt zur Welt die gleiche Position ein wie das transzendentale Subjekt. Aber verstehen wir, was wir da sagen?

Wir verstehen, was es heißt, dass wir als diejenigen, die «ich» sagen, stets «hinter» all ihren Bewusstseinsinhalten sind. Wir können über uns selbst nachdenken, aber wiederum nur in der «Perspektive der Ichhaftigkeit». Das ist die transzendentale Perspektive.

Wenn wir mit Kant sagen, wir sind das «Ich denke», das alle unsere Vorstellungen muss begleiten können, dann entpersönlichen wir uns auf rätselhafte Weise. Das «Ich denke» *an sich* ist nichts Individuelles, sondern etwas strikt Allgemeines. Es hat keinen Ort und wohl auch keine Zeit. Deshalb spricht Kant konsequent vom transzendentalen Subjekt im Singular, und Wittgenstein spricht ebenfalls nicht im Plural, wenn er sagt, das nicht-psychologische Ich der Philosophie sei eine Grenze der Welt.

Indessen sind wir hier mit etwas Unverständlichem konfrontiert. Denn was könnte ein «Ich denke» unter Absehung von jedwedem Inhalt, der von einer konkreten, raum-zeitlich individuierten Person gedacht wird, sein? Die Antwort lautet: Gar nichts. Ein Denkakt ist *logisch* an einen Denkinhalt gebunden, und der Denkakt wird ichhaft erst dadurch, dass eine konkrete Person den Inhalt dieses Akts sich als *den* Inhalt zuschreibt, den sie selbst denkt. Kurz gesagt, das transzendentale Subjekt kann nichts sein, was an sich existiert.

Sowenig Gott nach dem Modell einer Person gedacht werden kann, die von ihrem subjektiven Standpunkt aus urteilt, sowenig kann Gott als ein transzendentales Subjekt gedacht werden. Es scheint, als ob unsere Vernunft nicht in der Lage wäre, das Problem der Objektivität Gottes zu lösen.

Doch wir haben im Rahmen unserer endlichen Vernunft einen Ansatzpunkt. Denn wir streben immerfort nach Objektivität. Wir streben nach einem Standpunkt, der alle Einzelperspektiven *überwindet*. Das ist die Zielrichtung der Erkenntnis, aller Erkenntnis, ob in der Wissenschaft oder in der Ethik. Und auch die Ästhetik strebt nach einem objektiven Standpunkt, insofern sie nach *dem* Schönen fragt und alles Geschmäcklerische hinter sich lassen möchte.

Zunehmende Objektivität, so wie sich dieser Vorgang uns darstellt, geht mit einer zunehmenden Entfernung, ja Entfremdung von den Objekten der Betrachtung einher. Vor dem Hintergrund der physikalischen Theorie ist das, was uns die Sinne von der Welt zeigen, nichts weiter als ein bunter Schein. Auf der Ebene des Scheins ist alles, was wir erkennen, subjektiv, und erst mühsam lernen wir, aus dem Schein die Zeichen einer objektiven Wahrheit herauszufiltern – einer Realität, deren Beschaffenheit immer weniger von der Konstitution und Lage des Erkenntnissubjekts bestimmt wird.

Doch einmal abgesehen davon, ob hier nicht Schein gegen Schein steht, führt uns die objektive Wahrheit auf eine paradox anmutende Weise weg von der Welt, die wir ohne Zögern als «real» auffassen. Es macht uns Schwierigkeiten, zu verstehen, in welchem Sinne die Wirklichkeit eines Elementarteilchens durch eine Wellenfunktion ausgedrückt wird. Wenn wir davon reden, dass das Teilchen über einen Raum-Zeit-Bereich «verschmiert» ist, so wissen wir, dass wir damit nur ein hilfloses Bild für das statistische Wesen des Teilchens zum Einsatz bringen. Dass das Teilchen, solange es unbeobachtet bleibt, definitiv weder hier noch da ist und dennoch existiert: das ist eine Charakteristik, von der wir im

Grunde nicht wissen, was es heißt, dass ihr «wirklich» etwas entspricht.

Die Beispiele ließen sich vermehren. Je näher wir der Realität zu kommen scheinen, umso weniger können wir den Zeichen eine uns verständliche Realität zuordnen. Hätten wir den Punkt vollkommener Objektivität erreicht, dann würden wir vor den Zeichen verharren wie der Legastheniker vor einem Wort, dessen Buchstaben er entziffern kann, ohne dessen Gesamtsinn zu begreifen.

Unsere Art, nach Objektivität zu streben, entlässt uns aus dem Gefängnis der Subjektivität nur um den Preis von Abstraktionen, die uns der Welt ebenso radikal entfremden, wie sie es uns technisch ermöglichen, die Büchse der Pandora zu öffnen. Um die Entfremdung zurückzunehmen, bleibt uns nur, uns wieder dem sinnlichen Schein zu überantworten. Auf eine Weise, die uns freilich erst die Kunst erschließt, steckt in der Anschauung der Dinge vermutlich mehr Realität als in den Formeln, die es uns gestatten, Atomkraftwerke und Tomographen zu bauen.

Wie auch immer, aus dem Gesagten folgt jedenfalls, dass unsere Art, nach Objektivität zu streben, kein geeignetes Modell ist, um uns die Objektivität Gottes zu vergegenwärtigen. Wir müssen stattdessen auf ein anderes Modell zurückgreifen, nämlich das des reflexiven Selbstbezugs.

Im reflexiven Selbstbezug stellt sich die Frage der Perspektive nicht. Oder doch nur in der Weise, dass die Perspektive, die das Subjekt zu sich selbst einnimmt, nichts sein könnte, was das Subjekt von sich selbst trennt. Begriffe wie Verzerrung und Illusion verlieren ihr ontologisches Gewicht. Das war der Angelpunkt des gesamten Idealismus, wie er uns bei Fichte, Hegel, Schelling entgegentritt.

Gott, das ist die Annahme des Idealisten, steht zur Welt in einer analogen Beziehung wie das Subjekt zu sich selbst. Die Implikationen dieses Ansatzes sind ebenso klar, wie sie – nebenbei gesagt – gegen das christliche Dogma stehen: Gott ist die Welt, aber in der Art und Weise, dass er zugleich das Subjekt ist, das auf sich selbst, d. h. auf das Ganze seiner Schöpfung, reflektiert. Gott ist die Schöpfung, und doch ist an dem *deus sive natura* des Spinoza etwas falsch. Gott ist mit seiner Schöpfung nur insoweit identisch, als das auf sich selbst reflektierende Subjekt mit dem Objekt seiner Reflexion identisch ist. Beide sind dasselbe und doch nicht dasselbe. Ist das ein Widerspruch? Ja, sagten die Idealisten, doch sie hatten Unrecht, wenn sie meinten, der Widerspruch sei logisch, es handle sich um die Behauptung, dass A und Nicht-A zugleich der Fall sind.

Angenommen, ich denke über mich selbst nach. Ich denke, P. S. ist eine aufbrausende Persönlichkeit. In einer bestimmten Weise kann der, der so über sich urteilt, mit dem, über den er urteilt, nur identisch sein: P. S. denkt über P. S. nach. Aber in einer anderen Weise besteht ein Unterschied: Ich denke über mich nach, und das wäre nicht möglich, wenn ich mich nicht selbst zum Objekt machen könnte. Damit ich mich selbst zum Objekt machen kann, muss ich, das Subjekt, zumindest eine Eigenschaft haben, die das Objekt nicht hat, nämlich jenes Subjekt zu sein, das über dieses Objekt nachdenkt. Die oft zitierte dialektische Pointe ist Folgende: Dadurch, dass jenes Subjekt (P. S.) über dieses Objekt (P. S.) nachdenkt, *wird es für dieses Objekt wahr*, dass es zugleich jenes Subjekt ist, das über dieses Objekt nachdenkt.

Kurz gesagt: Indem das Subjekt über sich selbst nachdenkt – sich zu seinem eigenen Objekt macht –, entfaltet es sich. Es bleibt dieses Subjekt und wird doch zu etwas, was es am Anfang nicht war. Dabei ist das Subjekt stets sein eigener Maßstab, wie besonders Hegel in der Einleitung zur *Phänomenologie des Geistes* herausgearbeitet hat: Dadurch, dass das Subjekt in der Selbstreflexion sein eigener Maßstab ist, erübrigt sich das Problem der Subjektivität und/oder Perspektivität des Urteilens.

Wir ahnen jetzt vielleicht, was es heißt, vom Standpunkt Gottes mit Bezug auf seine Schöpfung zu reden. Da dieser Standpunkt einerseits objektiv sein muss und andererseits nicht auf den Standpunkt wissenschaftlicher Objektivität reduzierbar ist, legt sich das Modell der Selbstreflexion zwingend nahe. Gott ist das Subjekt-Objekt seiner Schöpfung. Schöpfung bedeutet Selbstentfaltung Gottes, gedacht nach dem Modell des Subjekts, das sich dadurch entfaltet, dass es sich selbst zum Objekt seines Nachdenkens macht.

Muss man eigens betonen, dass wir kein vollständiges Bild von Gott haben? Wir nähern uns dem Absoluten aus vielen verschiedenen Perspektiven, ohne Hoffnung, daraus *ein* Bild gewinnen zu können. Alle Theologie bleibt ein Scherbenhaufen. Die Scherben sind die zerbrochenen Teile des Absoluten. Indem wir über Gott nachdenken, zerstören wir seine Einheit, seine Schönheit, seine Wahrheit.

Dennoch ist der Agnostizismus keine Tugend. Vorzugeben, von Gott könne man nichts wissen, ist häufig bloß der uneingestandene Ausdruck des Verlangens, Gottes Platz einzunehmen.

Und so sehr wir auch Grund haben, unsere Unwissenheit zu betonen, so sehr sollten wir uns gleichzeitig davor hüten, unsere Vernunft bedenkenlos der Tradition unterzuordnen. Es gibt Bilder von Gott, auch im Christentum, die unsere Vernunft beleidigen. Dagegen könnte man einwenden: Die Beleidigung der Vernunft ist Teil des Trainings, das uns lehren soll, was wahre Demut bedeutet. Aber die Dinge liegen anders.

Gewisse Bilder von Gott kann unsere Vernunft nicht akzeptieren. Dass sie gewisse Bilder nicht akzeptieren *kann*, heißt, dass in ihnen Gott als Gott *zerstört* wird. Es wäre eine unmoralische Art der Demut, vom Menschen zu verlangen, einen Gott zu verehren, in dem er nichts weiter erkennen kann als einen Dämon.

Hier einige solcher Bilder:

Gott ist grausam, verschlagen, heimtückisch. Er verhärtet das Herz des Pharaos, nur um seine schrecklichen, todbringenden

Plagen, die weder Frauen noch Kinder verschonen, gegen die Ägypter loslassen zu dürfen. Gott selbst erwürgt seine Geschöpfe. Deshalb hat man gegen den Gott des Alten Testaments vorgebracht, er sei ein hybrides Wesen – zur einen Hälfte der Dämon Jahwe und zur anderen Hälfte jener Gott, zu dem Jesus betet: Abba.

Oder: Gott hat seine Schöpfung im Stich gelassen. Er kümmert sich nicht mehr um uns. Wir sind dem Räderwerk unterworfen, das er, der Werkbaumeister, ersonnen und in Gang gesetzt hat. Diese Abspaltung von der Welt macht Gott zu einem unerträglichen Beobachter all der Übel und Leiden, die mit der Welt mitgesetzt sind. Da hilft es dann wenig, zu mutmaßen, Gott habe um der Freiheit der Menschen willen abgedankt. Denn die Folge davon wäre, dass er nicht einmal mehr einem Bettler, der auf der Straße verhungert, ein Stück Brot reichen könnte. Abgesehen davon, dass man sich kopfschüttelnd fragt, warum Gott so etwas tun sollte, führt die Trennung zwischen dem Schöpfer und seiner Schöpfung zu dem Gedanken, dass Gott die ganze Welt *außer sich* hat. Das macht ihn dämonisch.

Oder es wird gesagt, dass Gott uns aus dem Paradies vertrieben hat, weil wir zutiefst schuldig geworden sind. Man kann solche Erzählungen als eine Mahnung begreifen, uns stets dessen bewusst zu sein, dass wir zum Bösen neigen. Im Übrigen wird in ihnen der kindliche Reflex sichtbar, Strafe zu erwarten, wo Böses getan wurde. Die väterliche Ordnung der Welt, die zentral eine Ordnung der Gerechtigkeit ist, darf nicht beschädigt werden. Doch es ist eine Beleidigung unserer Vernunft, uns Gott als einen Schöpfer vorzustellen, der uns in die Welt bringt, bloß um uns zu verachten, zu strafen und in die Hölle zu stürzen. So ein Gott ist, um mit Karl Barths *Römerbrief* zu reden, ein Nicht-Gott, ein weltenschöpfender Schurke. Freilich ist Barth viel zu sehr christlicher Dogmatiker, um nicht auch Gottes «Nein zur Welt» herauszustreichen, dem freilich ein «Ja zur Welt» einbeschlossen sein soll. Aber das verstehen nur dialektische Theologen à la Barth.

Demgegenüber gilt: Auch wenn wir kein Gesamtbild von Gott entwerfen können, so sehen wir doch *per speculum in enigmate*. Wir kennen den Unterschied zwischen Gott und dem Teufel, Gott und dem Dämon, Gott und Nicht-Gott. Wir kennen den Unterschied nicht in der vollen Bedeutung des Wortes, aber wir kennen versprengte Züge und Splitter des Absoluten, die aus dem Ganzen in unsere Dunkelheit hereinleuchten. Dass unsere Vernunft armselig und unser Wahrnehmungsvermögen radikal beschränkt ist, schließt nicht ein, dass wir ohne Vernunft und darüber hinaus blind wären.

So etwa wissen wir, dass die Welt vom Standpunkt Gottes aus vollkommen ist, und wir wissen, dass damit nicht bloß ein «subjektiver Standpunkt» gemeint sein kann.

Das wissen wir, auch wenn wir nicht wissen, was das bedeutet.

4. Der Standpunkt des Menschen

Wir können die Struktur der Welt im Einzelnen nicht erkennen. Wir sehen das Böse und Hässliche nicht so, dass wir es auf etwas reduzieren könnten, was «vom Standpunkt Gottes» aus akzeptabel wäre. Das Äußerste, was wir sagen können, ist, dass es sich bei den schlechten Dingen hierorts um irdische Realitäten handelt, die uns binden, aber dennoch *irreal* sind. Unter dem Blickwinkel des Absoluten (den wir nicht einzunehmen vermögen) mag man die schlechten Dinge «Illusionen» nennen; das freilich macht die Bindung für uns nicht irreal. Es steht uns nicht an, uns über die Moral zu erheben. Es steht uns aber ebenso wenig an, die Moral, der wir notgedrungen zu folgen haben, in die Realität Gottes hineinzuprojizieren.

Der höhere Standpunkt Gottes negiert die Moral nicht – es ist kein unmoralischer Standpunkt; dennoch ist Gott dem Standpunkt der Moral, der für uns endliche, bedingte Wesen absolute Verbindlichkeit hat, nicht in derselben Weise unterworfen. Wir sollen nicht verstehen wollen, was wir nicht verstehen können. Aber wir können auch nicht umhin, auf das Problem zu deuten, von dem hier die Rede ist: Dass Gottes Standpunkt dem Standpunkt der Moral nicht unterworfen ist, folgt aus der Tatsache, dass von Gottes Standpunkt aus die Übel der Welt ihre letzte Realität verlieren.

Das immerhin wäre eine mögliche Auslegung der biblischen Abraham-Episode. Gott befiehlt Abraham, seinen Sohn Isaak zu töten. Nach menschlichen Begriffen handelt es sich um einen Mordbefehl, der einem Vater ohne Grund auferlegt wird, gerichtet gegen seinen unschuldigen, über alles geliebten Sohn. Welcher Befehl könnte unmoralischer sein als dieser? Doch die Geschichte ist eine über die Festigkeit des Glaubens. Und so hängt das Gelingen der ganzen Geschichte daran, dass Gott seinen Mordbefehl rechtzeitig aufhebt. Dadurch wird zweierlei gezeigt: Gott unterliegt nicht dem menschlichen Gesetz, so wie die Menschen dem Gesetz unterliegen, doch er achtet es als jenes Maß, dem sich der Mensch nicht entwinden darf. Was vom Standpunkt des Menschen aus als Pflicht erscheint, erscheint vom Standpunkt Gottes aus als Gnade.

Oder handelt es sich um mehr als einen *bloßen* Gnadenakt? Was wäre geschehen, wenn Gott Isaak vor dem bereits erhobenen Schlachtmesser des Vaters nicht gerettet hätte? Hätte das nicht die Ordnung der Welt erschüttert? Hätte man dann nicht sagen müssen, dass die Realität des Bösen fundamental ist? So ist es. Denn dann wären die Stimmen Gottes und des Teufels nicht mehr unterscheidbar gewesen. Was immer der Glaubensritter tut, er tut es in der unerschütterlichen Meinung, dass es einen guten Grund gibt, gegen das menschliche Gesetz zu verstoßen. In der Abraham-Episode hingegen wäre die Schlachtung des Sohnes nichts weiter als die Schlachtung des Sohnes gewesen. Das darf nicht sein, Gott ist nicht der Teufel. Was immer Gott tut, er tut nichts Teuflisches. Das ist eine der Begrenzungen, die für uns im Wesen Gottes liegen und auf die wir daher, als die endlichen Wesen, die wir sind, absolut vertrauen. Weil dem so ist, ist die Notwendigkeit des Guten auch keine bloße Illusion.

Wir reden von den Begrenzungen, die im Wesen Gottes liegen, und wissen dabei aber, dass wir nicht von etwas reden, was Gott in *der* Weise begrenzt, wie *uns* Grenzen auferlegt sind. Die Grenzen, die uns auferlegt sind, sind uns immer von außen oder als innerer Zwang auferlegt. Selbst in den Fällen, wo wir sagen, die Grenze definiert unser Wesen, bleibt sie etwas uns Äußerliches. Sie ist eine Grenze, weil sie uns behindert und wir sie als Einengung erfahren. Sie kommt vielleicht aus unserer Natur, aber sie gehört nicht zu unserem *wahren* Wesen – unserer Seele.

Auch wenn man den Unterschied zwischen Natur und Seele bestreitet, wird man nicht in Abrede stellen wollen, dass es Begrenzungen gibt, die wir *nicht* als Behinderung und *nicht* als Einengung unseres Wesens erfahren. Dazu gehört die Vernunft ebenso wie die Liebe. Dass wir nicht denken können, dass zwei mal zwei gleich fünf ist, begreifen wir nicht als Einengung unseres Wesens. Und dass wir dem geliebten anderen gegenüber liebevolle Gefühle hegen, die zu liebevollen Taten drängen, erfahren wir nicht als Behinderung, so, wie wir den Hass, die Angst und die Langeweile als Behinderungen erfahren. Vernunft und Liebe zerstören nicht unsere Autonomie, sie ermöglichen sie vielmehr.

Auf diese Weise müssen wir auch die Begrenzungen auffassen, die im Wesen Gottes liegen. Sie zerstören Gottes Autonomie nicht, sondern ermöglichen sie. Es hat keinen Sinn, sich Gott als den vorzustellen, der das Unvernünftige tut; ebenso wenig hat es einen Sinn, sich Gott als den vorzustellen, der nicht aus einem liebenden Wesen heraus das Beste will.

Hier ist der Platz, um von der Liebe Gottes zu reden, ohne gleich in leeres Gerede zu verfallen: Was Gott tut, ist das Beste, *weil* Gott es tut. Er tut es nicht, *weil* es das Gute ist und er das Gute tun muss. Gott ist autonom. Doch so, wie es zu Gottes Autonomie gehört, vernünftig zu sein, so gehört es auch zu seiner Autonomie, das, was er tut, aus Liebe zu seiner Schöpfung zu tun.

Das ist nur eine Metapher, doch deswegen ist das Gesagte nicht ohne Bedeutung. Es bedeutet: Gott tut, was er tut, nicht aus einer Notwendigkeit heraus, die ihn gleichsam von innen zwänge. Gott ist nicht vorstellbar als der, der etwas tun muss, wohl aber vorstellbar als der, der das, was er tut, aus Liebe tut. Die Bilder des liebenden und des autonomen Gottes sind keine Gegensätze, sondern gehören zusammen.

Damit wird nicht geleugnet, dass es *Arten* der Liebe ohne Autonomie gibt, etwa die Liebe eines Kindes zu seinen Eltern oder die Liebe eines Hundes zu seinem Herrn. Die Liebe ist keine hinreichende Bedingung der Autonomie; eine weitere Bedingung ist die Vernunft. Vernunftlose Wesen können lieben, aber sie lieben ohne Freiheit. Das ändert auch den inneren Gehalt ihrer Liebe. Liebe ohne Vernunft wird zu einer Naturgewalt. Man könnte sagen, ihr ermangelt jenes Moment an Transzendenz, das die Liebe unter vernünftigen Wesen hat. Dieses Moment ist dadurch charakterisiert, dass vernünftige Wesen, die zu sich selbst «ich» sagen, auch aus sich selbst heraus handeln und andere Wesen als ichhafte Akteure begreifen können.

Wie die Liebe ohne Vernunft bloß ein Trieb ist, so ist eine Vernunft ohne Ich bloß das, was die Informationswissenschaft eine künstliche Intelligenz nennt – eine Rechenmaschine, ein Computer, aber keine Person: nichts, was Autonomie haben könnte, es sei denn in dem *abgeleiteten* Sinne, dass der, der die Maschine programmiert, über Autonomie verfügt.

Wie aber steht es mit dem Ich an sich? Nun, es gibt kein Ich an sich, und ein Wesen, dass zwar ein Ich hat (und insofern auch Vernunft), aber gleichzeitig von Antrieben wie Hass, Angst oder Langeweile beherrscht wird – kurz, von Antrieben, denen das Moment der Liebe fehlt –, wird niemand als autonom bezeichnen. Der Teufel ist nicht autonom.

Das Gesagte bedeutet einerseits, dass die «Natur» der Liebe autonomer Wesen keine Art von Naturnotwendigkeit und auch keine Art von Zwang ist. Andererseits passt der Begriff der freien Wahl auf das Wesen der Liebe nicht oder nur sehr schlecht. Wer liebt, der wählt nicht; und doch ist der Liebende kein Insekt, das ausweglos in das Licht gezogen würde.

Hat das mit der Vernunft des Liebenden zu tun? Bejahen wir diese Frage, dann dürfen wir den Begriff der Vernunft nicht zu eng fassen, nicht zu formal: nicht als eine Art Algorithmus, der als Computerprogramm festgeschrieben werden kann. Wir müssen den Begriff der Vernunft so fassen, dass es wahr ist, dass das gute Wollen vernünftig und das böse Wollen unvernünftig ist. Das setzt voraus, dass das Gute und das Böse nicht bloß subjektive Größen sind, die man nach Belieben festlegen darf, ohne gegen eine Regel der Vernunft zu verstoßen.

Wer etwas aus Liebe tut, der will dem anderen das Beste. Wenn sich die Schöpfung aus Liebe ereignet, dann ist sie von dieser Art von Wollen bestimmt: Gott will das Beste, und Gott will uns, seinen Geschöpfen, das Beste. Das Beste als Zielrichtung ist dem liebenden Wollen immanent. Trotzdem ist es falsch zu sagen, der Liebende könne nicht anders, als das Beste zu tun. Gerade *das* würde den Liebenden zu einer Maschine werden lassen, einem Liebesinsekt, das keinen Begriff davon hat, was es heißt, zu lieben.

In Wahrheit ist da nirgendwo eine Kausalität: Alles, was der Liebende tut, tut er «aus freien Stücken». Dennoch ist sein Tun nicht frei in dem Sinne, dass er das, was er aus freien Stücken tut, nicht auch *zuinnerst* gewollt hätte. Vielleicht ist es richtig zu sagen, dass es zum Wesen der Liebe gehört, Wollen und Freiheit miteinander zu versöhnen. «Ich will dir das Beste»: Sobald dieser Satz wahr ist, sind Wollen und Freiheit keine Gegensätze mehr.

Daraus folgt, dass man das Böse nicht in derselben Weise *wollen* kann. Wer das Böse wirklich will, der macht auf uns den Eindruck, wahnsinnig zu sein oder dem Reich des Menschlichen überhaupt nicht mehr anzugehören. Denn niemand kann das Böse *wirklich* wollen. Stattdessen gibt es Krankheiten und Perversionen des Willens, die das Böse zu einer naturhaften Kraft werden lassen, gegen die das Subjekt – die Quelle der Freiheit – nichts auszurichten vermag.

Und vergessen wir nicht: Wenn von der Freiheit die Rede ist, dann hat es keinen Sinn, das Subjekt so zu denken, wie Immanuel Kant es tut – als bloß abstrakten Bezugspunkt, als das «Ich denke», das alle meine Vorstellungen muss begleiten können. Von einem solchen Abstraktum her lässt sich keine Freiheit verständlich machen. Wir müssen das Subjekt vielmehr als das Beseelte denken. Das Subjekt ist *beseelt* davon, das Gute und nicht das Böse zu tun.

Der Begriff der Wahl ist eine niedere Kategorie. «Beseeltes Tun» ist die angemessenere Kategorie, um das eigentümliche Zusammenfallen von Wollen und Freiheit zu bezeichnen. Gott ist beseelt davon, sich auszugießen.

Deshalb sagt der Neuplatoniker Plotin (um 204–270), dass Gott die Überfülle sei. Doch leider denkt Plotin Gott nicht als das Subjekt-Objekt, das nichts außer sich hat. So strömen bei Plotin Lichtfunken aus der Überfülle des All-Einen heraus und in die Tiefe. Sie sinken ab in das dunkle Reich der Materie, die eine Art Nichts ist. Sie lässt sich nur über Negationen charakterisieren: Die Materie ist formlos, geistlos, willenlos. Plotinisch gedacht sind wir alle, insofern wir einen Körper haben, eine Art Nichts, und das, was uns ins Sein hebt, sind einzig die in unserem Körper eingeschlossenen Lichtfunken, deren entfernter Ursprung Gott ist.

Es fällt schwer, sich den plotinischen Gott als Liebenden vorzustellen. Der plotinische Gott ist ganz in sich selber versunken und dabei aber so vollkommen, dass er, ohne es eigentlich zu wollen – und ohne es zu wissen? –, überfließt. Die Schöpfung ist nichts, was Gott auf eine Weise betreibt, die mit seinem innersten Wesen zusammenhinge. Der plotinische Gott liebt seine Schöpfung nicht. Die Lichtfunken sind traurig, von ihm abgespalten zu sein. Sie wollen zu ihm zurück. Dieses Wollen, dieser Schmerz des Verwaistseins drückt sich in uns als eine unstillbare Sehnsucht aus: Wir fühlen, dass wir auf Erden im Exil leben.

Beseelt zu sein, ist jedenfalls kein Zustand, der in sich verharren könnte. Parmenides aus Elea (gest. nach 450 v. Chr.) sagt vom Sein, dass es reglos sei. Er denkt das Sein als eine in sich ruhende, ewig unbewegte Kugel. Bewegung, sagt Parmenides, schließt ein, dass etwas, was ist, zu etwas wird, was nicht ist. Aber es gibt kein Nichtsein, und alle Bewegung ist bloß eine Illusion unter Wesen, die nicht vollkommen sind. Durch die Illusion der Bewegung ist der Mensch mit dem Nichts infiziert. Das Sein des Parmenides ist ebenso vollkommen, wie es seelenlos ist; es ist, mit einem Wort, seelenlose Vollkommenheit. Was dem Sein des Parmenides fehlt, ist das Moment der Überfülle: das Beseeltsein, das immer ein *Beseeltsein-von* ist. Wollte man die Liebe definieren, noch bevor sie in den Kreis der Geschlechter einbezogen und sexualisiert wird, so könnte man sagen: sie ist Beseeltsein. Sie will sich verströmen, um das Gute zu mehren. Und das Gute ist manchmal ein Weniger an Leid, manchmal ein Mehr an Glück und manchmal eben die Seligkeit der Ineinander-Verliebten.

Wenn wir sagen, dass die Welt vom Standpunkt Gottes aus vollkommen ist, so schränken wir damit Gottes Autonomie nicht ein. Wir sprechen nur über eine zentrale Bedingung der Autonomie selbst, eine Bedingung, die zum Tragen kommt, sobald wir den Autonomiegedanken auf Gott anwenden. Wäre die Welt vom Standpunkt Gottes aus nicht vollkommen, so wäre der Schluss unvermeidlich, dass Gott nicht Gott ist, sondern ein mehr oder weniger unvollkommener Weltenschöpfer, Demiurg oder Dämon. Kurz gesagt: Es kann nicht zur Freiheit Gottes gehören, Nicht-Gott zu sein.

Damit sagen wir keineswegs, dass wir Gottes Standpunkt begreifen oder gar einnehmen könnten. Wir haben keine Idee, wie sich das Weltganze im Einzelnen darstellen ließe, sodass sich für uns ergäbe, es sei vollkommen. Im Gegenteil gilt, was Dostojewski einen seiner Helden, Iwan Karamasow, der Schöpfung insgesamt entgegenhalten lässt: Dass nämlich die Tränen eines unschuldigen

Kindes jede Rechtfertigung der Welt zunichte machen, selbst wenn man annehmen wollte, die Tränen seien notwendig, um die Harmonie des Ganzen zu gewährleisten. Man muss nur hinzufügen: Die Tränen des unschuldigen Kindes machen jede Rechtfertigung der Welt *vom menschlichen Standpunkt aus*, ob ethisch oder ästhetisch, zunichte.

Und das ist das Problem aller Versuche, Gottes Schöpfungswerk angesichts der Übel der Welt mit den Mitteln des menschlichen Verstandes zu rechtfertigen – das Problem jeder Theodizee. Eine solche Rechtfertigung kann es nicht geben. Wir sind nicht in der Lage, die Realität des Bösen und Hässlichen, von der Realität des Todes ganz zu schweigen, als etwas zu betrachten, was für die Harmonie der Welt unerlässlich sei. Denn wir haben keine Ahnung, *wie* diese Harmonie beschaffen ist. Man mag zwar in gänzlich abstrakter Weise zugeben, dass es des Bösen bedarf, um das Gute für uns erfahrbar zu machen, und des Hässlichen, damit sich das Schöne dagegen abheben kann. Doch daraus lässt sich keineswegs ableiten, dass irgendein *bestimmtes* Böses oder Hässliches nicht hätte vermieden werden können. Die Tränen des Kindes, von dem Iwan Karamasow spricht, hätten sich *leicht* vermeiden lassen, oder?

Darüber hinaus gilt: Man muss das Böse nicht in die Tat umsetzen, um zu wissen, was das Gute ist; und man muss das Hässliche nicht realisieren, um dem Schönen Wirklichkeit zu verleihen. Es würde reichen, dass wir uns die Übel der Welt vorstellen, sie uns in Geschichten und Bildern vergegenwärtigen, um zu wissen, warum die Welt besser ist, wenn in ihr keine Übel existieren.

Dagegen lässt sich einwenden, dass zu jeder Vorstellungskraft die Fähigkeit gehört, das jeweilige Übel, wie immer auch innerlich, nachzuvollziehen. Um zu wissen, dass es schlecht ist, das unschuldige Kind weinen zu machen, müssen wir das Phänomen Schmerz in irgendeiner Form bereits erfahren haben. Aus demselben Grund würde uns eine gänzlich abstrakte Vorstellung des Hässlichen zu keiner Erkenntnis der Wünschbarkeit des Schönen führen. Dieses

Ziel setzt voraus, dass wir bereits, und sei es auch nur in unserer Vorstellung, einen Eindruck des Hässlichen erhalten haben, einen Eindruck, der so geartet war, dass uns das Hässliche tatsächlich abstieß.

Aus all dem lernen wir indessen nur, wie wenig wir mit den Mitteln des Verstandes in der Lage sind, das Ganze zu rechtfertigen. Denn selbst wenn wir zugeben, dass eine Erfahrung der Übel *als* Übel unabdingbar ist, um die schönen und guten, ja wunderbaren Aspekte der Welt *erfahren* und als solche *würdigen* zu können, selbst dann sind wir außerstande, auf folgende Frage zu antworten: Wäre es, gegeben die *Notwendigkeit* der Übel, nicht besser gewesen, die Welt überhaupt nicht ins Sein zu bringen? Wäre es, um den Übeln zu entkommen, nicht besser gewesen, auf die Erschaffung der guten und schönen Dinge zu verzichten?

Die Theodizee ist eine Anmaßung. Aber der Grund der Anmaßung liegt nicht darin, dass wir davon ausgehen, dass die Welt an sich vollkommen ist. Denn nur, wenn sie an sich vollkommen ist, gibt es einen guten Grund zu sagen, dass Gott sie schuf. Und nur wenn Gott sie schuf, gibt es einen guten Grund dafür, dass sie existiert.

Die Anmaßung der Theodizee besteht vielmehr darin, dass die Kategorie des Vollkommenen, so wie sie *uns* zugänglich ist, eine Deutung erfährt, *als ob* sie dem Ganzen angemessen wäre. Da die Vollkommenheit des Ganzen mit dem Wesen Gottes innerlich zusammenhängt, würde das bedeuten, dass unsere Kategorie des Vollkommenen zugleich der Sphäre des Absoluten angemessen wäre. Doch das ist nicht der Fall. Was wir «gut» und «schön» nennen, ist «gut» und «schön» nur unter bestimmten Bedingungen.

Dasselbe gilt für alle Subprädikate des Guten und Schönen. Sagen wir, dass ein Richter «gerecht» ist, so meinen wir damit, dass er sich bei seinen Urteilen in einer bestimmten Weise verhält, was einschließt, dass er sich in einer bestimmten Weise nicht verhält. Sagen wir, dass ein Musikstück uns «bezaubert», so schließt das aus, dass die Töne des Musikstücks in einer beliebigen Weise aufeinander folgen. Unsere Begriffe für Vollkommenes sind *inner-weltliche* Begriffe. Sie teilen die Dinge der Welt in gute und böse, schöne und hässliche auf. So gesehen ist es unmöglich, dass die *Welt* vollkommen ist. Denn es existieren in ihr böse und hässliche Dinge, und es gibt vielleicht kein Ding innerhalb der Welt, das wirklich vollkommen ist (auch wenn es Dinge gibt, die wir enthusiastisch und überwältigt «vollkommen» nennen).

Aus all dem folgt, dass wir blind sind, was die Vollkommenheit des Absoluten betrifft. Denn alles innerweltlich Vollkommene ist dadurch definiert, dass es eine unendliche Menge von Zuständen ausschließt, nämlich all jene, die unvollkommen sind. Die Vollkommenheit des Absoluten jedoch, d. h. Gottes Vollkommenheit, ist nicht anders bestimmbar als so, dass alles, was Gott tut, vollkommen dadurch ist, *dass* er es tut.

Gottes Schöpfung ist vollkommen, und dazu gehört paradoxerweise, dass wir, als Teile seiner Schöpfung, über Teile der Schöpfung Urteile fällen, die zur Folge haben, dass wir den Zustand der Schöpfung *nicht* als vollkommen bezeichnen dürfen. Wir sind vielmehr angehalten, an der Beseitigung jener Übel zu arbeiten, deren Fortbestand uns moralisch (und ästhetisch) belastet.

So stellt sich unsere menschliche Situation als doppeldeutig dar: Wir haben ein Ideal der Vollkommenheit, das uns danach streben lässt, besser zu werden und den Zustand der Welt zu verbessern. Gleichzeitig haben wir eine Idee von der Vollkommenheit der Schöpfung, die unser Streben nach Vollkommenheit nicht als sinnlos erscheinen lässt. *Es muss ein Wesensmerkmal der Vollkommenheit der Schöpfung selbst sein, dass wir angehalten sind, nach Vollkommenheit zu streben.*

Was wir unmöglich verstehen können, ist, dass vom Standpunkt Gottes aus die Vollkommenheit der Schöpfung nicht dadurch befleckt und zerstört wird, dass viele Menschen in Gleichgültigkeit verharren oder sich dem Bösen ergeben. Doch unser Unverständnis angesichts des Absoluten straft unser Streben nach Vollkommenheit keineswegs Lügen. Es ist kein Widerspruch zu sagen, dass alle Dinge göttlich sind und dass wir aber tun sollten, was getan werden soll. Es ist wahr, dass noch über den schrecklichsten Schlachtenszenen bei Homer ein Glanz der Ewigkeit liegt; aber gleichzeitig ist wahr, was Thomas von Aquin als das erste Prinzip der praktischen Vernunft charakterisiert: *Bonum est faciendum et prosequendum, et malum vitandum*, «das Gute ist zu tun und zu befördern, das Böse hingegen zu vermeiden».[27]

Mag es auch stimmen, dass die Kräfte des Lichts und der Finsternis aufeinanderprallen, um gleichermaßen der Schöpfung zu dienen, so ist es doch ebenso unzweifelhaft, dass wir der Pflicht unterstehen, im Rahmen des Menschenmöglichen nach dem Guten und Schönen zu streben. Nur auf diese Weise können wir der Schöpfung Tribut zollen. Und nur auf diese Weise werden wir fähig, die Schöpfung zu bewundern und zu preisen.

III

DER SCHLECHTE UND DER GUTE ANFANG

1. Chaos, Leere, Zufall

Sagt mir, Musen, dies alles an, Olympos-Bewohner,
ganz von Anfang, und sagt mir: Was wurde davon als erstes?
Wahrlich, als erstes ist Chaos entstanden, doch wenig nur später
Gaia, mit breiten Brüsten, aller Unsterblichen ewig
sicherer Sitz ...
Chaos gebar das Reich der Finsternis: Erebos und die
schwarze Nacht, und diese das Himmelsblau und den hellen
Tag, von Erebos schwanger, dem sie sich liebend vereinigt.

So lesen wir es in Hesiods *Theogonie*, die Stelle umfasst die Verse
114–125, übersetzt von Albert v. Schirnding.[28] Hesiod (um 700 v.
Chr.) behandelt das Chaos als Urzustand und Person, ohne zwischen beiden Verwendungsweisen ersichtlich zu differenzieren. Es
ist, als ob ein Zustand zugleich Person sein könnte. Den gelehrten
Kommentaren kann man entnehmen, dass der Begriff «Chaos»
sprachlich zu griechisch *chainein* gehört, was soviel wie «gähnen»
bedeutet. Wir denken dabei an die gähnende Leere, und offenbar
meint das Chaos bei Hesiod den anfangs leeren Raum. Gleichzeitig
jedoch ist es eine der Urgottheiten, so wie Gaia eine Urgöttin ist.
Während Gaia neben vielen anderen Göttern auch den Zeus
gebiert, den Mächtigsten der Olympier, gebiert das Chaos die beiden Gottheiten der Finsternis, Erebos und die Nacht, welche ihrerseits das Himmelsblau und den Tag zeugen. Damit scheint das
Chaos seine Funktion erfüllt zu haben. Es taucht nur noch einmal
in der *Theogonie* auf, nämlich an jener breit malenden Stelle, wo der
Kampf zwischen den Titanen und den olympischen Göttern
geschildert wird. Das Feuer, das der kampfwütige Zeus allerorten

entfacht, ist derart schrecklich, dass es im Vers 700 heißt: «Selbst das Chaos erstickte im göttlichen Feuer.» Es wäre widersinnig, wenn der Begriff an dieser Stelle noch den leeren Raum meinen oder auch nur mitmeinen würde.

Überhaupt macht es die besondere Poesie des griechischen Denkens aus, besonders bei Homer und Hesiod, dass alles, was ist, göttlich ist, das Gute wie das Böse, der Tag wie die Nacht, das Chaos wie die Ordnung. Was aber göttlich ist, das hat auch Personalität; sinkt das Göttliche in bloße Zuständlichkeit ab, so nur – wie es scheint –, weil es umgekehrt wieder als Gottheit ins Weltgeschehen eingreift. Umso rätselhafter ist der Erstickungstod des Chaos bei Hesiod. Es ist, als ob dadurch einem Ungenügen im Anfang der Welt ein für allemal der Garaus gemacht werden sollte: Wie könnte die gähnende Leere ein guter Anfang sein? Woher sollte sie kommen? Und wie wäre es möglich, dass eine Gottheit ihrem Wesen nach Negativzustände (Leere, Finsternis) verkörpert? Ist das Chaos nicht bereits mit dem Nichts der späteren Zeiten infiziert, und liegt darin vielleicht der symbolische Sinn seines Todes?

Wie auch immer, wir stehen hier an der Schwelle einer großen Fragetradition. Zu fragen ist nach dem Anfang des Ganzen und welcher Anfang tauglich wäre, Anfang des Ganzen zu sein. Es liegt im Wesen des mythischen Denkens, dass es mit poetischen Metaphern arbeitet. Es stellt sich den Anfang der Weltfülle als einen Zustand kosmischer Leere und den Anfang der Weltordnung als einen Zustand kosmischer Unordnung vor. Wir sind hier allerdings nicht ganz unparteiisch. Unsere heutige Vorstellung vom Chaos entspricht weniger dem Bild, das Hesiod entwirft, als jenem, das Ovid (43 v.–17 n. Chr.) zeichnet. Seine *Metamorphosen* lässt er mit einem Zustand beginnen, dem es nicht an Fülle, sondern an Ordnung und Gerichtetheit mangelt:

«Ehe es Meer, Land und den allumschließenden Himmel gab, hatte die ganze Natur ringsum einerlei Aussehen; man nannte es Chaos: eine rohe, ungeordnete Masse, nichts als träges Gewicht und auf einen Haufen zusammengeworfene, in Widerstreit be-

findliche Samen von Dingen, ohne rechten Zusammenhang»
(1. Buch, Verse 5–9).

«Zwar gab es da Erde, Wasser und Luft; doch konnte man auf
der Erde nicht stehen, die Woge ließ sich nicht durchschwimmen,
und die Luft war ohne Licht. Keinem Ding blieb die eigene
Gestalt, im Wege stand eines dem anderen, weil in ein und
demselben Körper Kaltes kämpfte mit Heißem, Feuchtes mit
Trockenem, Weiches mit Hartem, Schwereloses mit Schwerem»
(1. Buch, Verse 15–20).[29]

Hier also muss ein Gott Ordnung schaffen, und so geschieht es
auch bei Ovid, der von diesem Gott nur sagt: *quisquis fuit ille deorum*,
«welcher der Götter es auch sein mochte» (1,32). Aber woher kam
das Chaos, das der unbekannte Gott dann ordnet, zerschneidet,
gliedert, um daraus zunächst die Erde als Kugel zu formen? Nicht,
dass der antike Denker hier Selbstbescheidung übt, ist ihm anzu-
lasten; eigenartig berührt die Hinnahme von Anfangszuständen
wie Leere oder Unordnung, die zwar den Göttern eine Bühne bereiten, indessen den Anfang *defizient* sein lassen, durch und durch
mangelhaft. Wie konnte der Mangel aus sich heraus bestehen?
Oder ist da noch etwas hinter dem Mangel, etwas Verborgenes, von
dem der Mensch gar nichts wissen kann, und alle Götter sind ihrerseits Puppen, gezogen an unsichtbaren Fäden?

Wer den Anfang nicht gut, und das heißt, nicht als gut zu denken vermag, der muss mit dem Eindringen der Paranoia in die
Sphäre des Absoluten rechnen. Aus den Göttern werden dann
Dämonen, während der Mensch von Gott selbst durch die trügeri-
schen Sinne, die böse Materie, den Irrtum und das Vergessen abge-
schnitten ist.

Auch die biblische Genesis bietet kein eindeutiges Bild: «Im
Anfang schuf Gott Himmel und Erde; die Erde aber war wüst und
wirr, Finsternis lag über der Urflut, und Gottes Geist schwebte über
dem Wasser.» So lautet der Bericht in Genesis 1,1–2, gemäß der
gültigen Einheitsübersetzung. «Wüst und wirr» ist die Wiedergabe
der hebräischen Wörter *tohu* und *bohu*, die soviel wie «Öde» und

«Leere» bedeuten.[30] Dieser Zustand drängt nach einer Lösung. Gefunden wird sie schließlich im negativen Charakter des Chaos. Ist das Chaos nicht eigentlich das Nichts?

Das ist denn auch die Antwort, die zuerst ausdrücklich im 2. Buch der Makkabäer (um 124 v. Chr.) gegeben wird. In 2 Makk 7,28 ermutigt eine Mutter ihren Sohn, standhaft im Glauben zu verharren und das Martyrium auf sich zu nehmen. Sie tut das unter anderem, indem sie die Größe Gottes mit folgenden Worten preist: «Ich bitte dich, mein Kind, schau dir den Himmel und die Erde an; sieh alles, was es da gibt, und erkenne: Gott hat das aus dem Nichts erschaffen, und so entstehen auch die Menschen.»

Hier also kommt anstelle des Chaos das Nichts als Quasi-Urzustand ins Spiel, und wenn das nicht eine bloße Metapher sein soll, um die Allmacht zu akzentuieren, dann haben wir es mit einem metaphysischen Fundamentalproblem zu tun: Wie ist eine Schöpfung aus dem Nichts, eine *creatio ex nihilo*, möglich?

Diese Frage war schon bei dem griechischen Eleaten Parmenides (um 500 v. Chr.) und seinem Schüler Zenon durch eine andere, viel radikalere pariert worden: Ist eine solche Schöpfung überhaupt *denkbar*? Dabei bestand der originelle Kern des eleatischen Arguments in der These, dass sich jedwede Veränderung, welcher Art auch immer, ob als Anfang oder Fortsetzung des Weltlaufs, nicht anders verstehen lasse denn als eine kontinuierliche Abfolge von Schöpfungen aus dem Nichts.

Angenommen, der Zustand A geht in den Zustand B über: Dann ist es eine bloße Redeweise zu sagen, dass B aus A hervorgeht. Wenn wir den Übergang von A zu B analysieren, stoßen wir auf eine Reihe von Subzuständen (und entsprechenden Sub-Übergängen) als Teile innerhalb des Übergangs von A zu B. Wie weit wir nun unser analytisches Instrumentarium auch verfeinern mögen, stets treffen wir auf weitere Subzustände, die einander in der Zeit folgen, von denen also der eine nicht der andere ist und umgekehrt.

Auf diese Weise stellt sich schließlich die Idee des Übergangs selbst als eine Illusion unserer Sinne heraus. Wir müssen erkennen, dass die analytische Rekonstruktion des Übergangs von *A* zu *B* immer wieder nur zu diskreten Subzuständen und Subzuständen von Subzuständen führt, von denen auf jeder Analyseebene der zeitlich jeweils frühere ins Nichts verschwindet, während der zeitlich jeweils spätere aus dem Nichts auftaucht. Kurz gesagt: Der Übergang von *A* zu *B* bedeutet in Wirklichkeit, dass die *A* konstituierenden Elemente ins Nichts verschwinden, während die *B* konstituierenden Elemente aus dem Nichts auftauchen. Da aber, so das eleatische Argument, nicht einfach etwas zu nichts werden oder aus nichts entstehen kann, sind Bewegung und Veränderung an sich unmöglich. Das Sein ist unbeweglich und ewig.

Parmenides sagt: «Und nie wird die Kraft der Überzeugung zulassen, dass aus dem Nichtseienden etwas neben ihm entstünde. [...] Wie könnte also das Seiende in der Zukunft sein? Denn wenn es einmal geworden ist, dann *ist* es nicht; es ist aber auch nicht, wenn es jemals in Zukunft sein sollte.» Deshalb der Schluss: «So ist das Werden ausgelöscht und das Vergehen [der Dinge] abgetan.»[31] Lassen wir einmal die Herausforderung beiseite, die in der Behauptung der Unmöglichkeit des Werdens liegt, so finden wir im eleatischen Denken vor allem klar ausgesprochen, dass sich der Übergang vom Nichtseienden zum Seienden gar nicht *denken* lässt. Dieser Übergang ist also nicht einfach eine Frage der sachlichen Möglichkeit, sondern der Denkmöglichkeit.

Man könnte einwenden, dass ein solcher Übergang doch immerhin ohne Widerspruch denkbar sei. Stellen wir uns vor, das Ereignis *A* entstehe so, dass es «aus nichts» entsteht. Was soll daran undenkbar sein? Nun, «entstehen» bedeutet im normalen Sprachgebrauch «hervorgehen aus etwas», und wenn nun aber etwas *aus nichts* hervorgeht, so handelt es sich dabei eben nicht um ein Hervorgehen *aus etwas*. Darauf ließe sich erwidern, dass es keinesfalls auf die Worte ankomme. Warum sollten wir nicht zwei Begriffe der Entstehung unterscheiden: eine Entstehung aus etwas und eine Entstehung aus nichts? Die Antwort lautet: *Weil aus nichts nicht etwas entstehen kann.* Das ist alles. Zu sagen, dass da nichts ist, heißt genau dasselbe, wie zu sagen, dass da nichts ist, aus dem etwas entstehen kann. Hier geht es nicht mehr um ein Spiel der Worte, sondern tatsächlich um Denkbares.

Aber könnte «aus nichts entstehen» nicht einfach meinen: «grundlos entstehen»? Etwas ist da und es gibt keinerlei Ursache dafür: Das ist doch denkbar, oder? Im Märchen kann es sein, dass plötzlich, zur Freude der armen Gänsemagd, ein gedeckter Tisch in der Landschaft steht, so, als ob er aus nichts entstanden wäre. Aber angenommen, man würde das Holz des Tisches untersuchen und feststellen, dass es von einem hundert Jahre alten Baum stammt: Dann wäre es nicht möglich, dass der Tisch aus nichts entstanden ist; dasselbe gilt für die Speisen auf dem Tisch etc. Das Holz, aus dem der Tisch besteht, muss nicht von einem hundert Jahre alten Baum stammen, aber ein Alter muss es doch haben. Und das bedeutet, dass der Tisch nicht aus nichts entstanden sein kann.

Es ist wahr, auf der Ebene der grundlegenden Elemente, welche die Welt aufbauen, gibt es Dinge, die in einem bestimmten Augenblick gleichsam «jungfräulich» entstehen, also nicht aus älterem Material komponiert sind, etwa die Photonen, die beim Zerfall von Atomkernen frei werden. Aber in solchen Fällen herrschen Transformationsgesetze, die auf Erhaltungssätzen beruhen, wie dem der Umwandlung von Masse in Energie. Die Prinzipien der Erhaltung implizieren ihrerseits, dass nichts «verloren geht» und nichts aus «nichts» entsteht.

Was nun die Entstehung der Welt selbst – nach heutigem Wissen: den Urknall – betrifft, so scheint es gerade hier irreführend, von einer Entstehung aus dem Nichts zu sprechen. Denn während diese Rede einen Sinn zu haben scheint, sofern die Bühne der Welt bereits aufgebaut ist, und wir uns nun vorzustellen versuchen, wie auf ihr ein Ereignis «grundlos» in Erscheinung tritt, weiß man gar nicht, was eine Entstehung aus dem Nichts *unter Absehung von der Weltbühne* bedeuten könnte.

Der Begriff des Nichts erhält seine Bedeutung erst dadurch, dass er *metaphorisch* verwendet wird: Das Nichts ist das, was uns gleichsam angähnt, wenn alle Dinge von der Bühne abgeräumt sind. Und wenn nun auch noch die Bühne selbst abgeräumt wird? Was dann übrigbleibt, das ist in der Vorstellung – der schlichten, allzu schlichten Vorstellung – die grenzenlose Leere, gedacht als leerer Raum. Wir sind wieder beim Chaos des Hesiod angelangt.

Alle diese Beispiele geben keine direkte Antwort auf die Frage, ob eine Entstehung aus dem Nichts *denkbar* ist. Und plötzlich bemerken wir, dass das vorliegende Problem an der Frage hängt, was eigentlich «denkbar» meint. Wenn denkbar alles ist, was nicht im streng logischen Sinne unmöglich scheint, dann ist eine Entstehung *ex nihilo* möglicherweise denkbar. In einer anderen, metaphysischen Hinsicht liegt indessen eine *radikale Undenkbarkeit* vor. Nennen wir Phänomene, die in diesem Sinne undenkbar sind, «nicht-intelligibel». Dann können wir sagen, dass Ereignisse *ex nihilo* nicht-intelligibel sind, weil sie voraussetzen, dass in der Welt Dinge existieren können, die nicht aus der Transformation anderer Dinge, die in der Welt existieren, hervorgegangen sind.

Worin liegt hier das Moment des Nichtintelligiblen? Wenn wir die Welt als das *Ganze des Seins* auffassen, dann meinen wir damit, dass in der Welt nichts entstehen kann, was nicht schon in irgendeiner Form in ihr existiert. *Denn woher sollte dieses grundlos Neue kommen?* Die Welt hat keinen Außenbereich. Der Entstehung aus nichts liegt unausgesprochen und unbedacht die Idee zugrunde, dass in unsere Welt etwas von außen «hereinkommen» könnte. Aber diese Idee ist eben deshalb nicht-intelligibel und insofern undenkbar, weil mit Bezug auf unsere Welt der Begriff des Von-außen-Hereinkommens keinen Sinn ergibt.

Aus all dem folgt, dass es einen Zufall im fundamentalen Sinne – als das streng grundlose *(indeterminierte)* Eintreten eines Ereignisses – nicht geben kann. Dass Chaos und Zufall heutzutage Saison haben, liegt einerseits am Reiz des Paradoxen, der mit der Theorie chaotischer Systeme einhergeht, andererseits aber auch an der Mythisierung der entsprechenden Begrifflichkeiten: Plötzlich scheint es, als ob im Chaos und im «Spiel des Zufalls» der wahre Ort des Schöpferischen und unserer Freiheit läge; und möglicherweise ist das auch der Ort, an dem Gott wohnt ... Doch das ist Unsinn, wenn auch Unsinn vor einer großen historischen Tiefe – einer Tiefe, die teils schon lange vergessen, teils vergröbert und missverstanden wurde.

2. Das Prinzip Unvoraussagbarkeit

Von «Zufall» spricht man in der Chaosforschung, wenn das Verhalten eines Objektbereichs *nicht* bloß deshalb unvoraussagbar ist, weil man zur Zeit noch über zuwenig Informationen verfügt, aber trotzdem *nicht* unterstellt wird, es ereigne sich etwas Grundloses, Indeterminiertes. «Es muss betont werden», schreibt der Physiker, «dass das Verhalten chaotischer Systeme nicht *an sich* indeterministisch ist. Es lässt sich sogar mathematisch beweisen, dass die Anfangsbedingungen hinreichend sind, um das ganze künftige Verhalten des Systems exakt und eindeutig festzulegen.»[32]

Was sogenannte chaotische von normalen dynamischen Entwicklungen unterscheidet, etwa die Entwicklung des Wetters im Gegensatz zur Entwicklung einer Planetenbahn, das ist die Rolle, welche unvermeidbare Fehler (Ungenauigkeiten) bei der Bestimmung der Anfangsbedingungen spielen. Da im chaotischen System die Zahl der Fehler exponentiell mit der Zeit anwächst, brauchen wir in jedem solchen System sehr rasch immer größere Informationsmengen, um den für die Voraussage erforderlichen Grad an Genauigkeit einhalten zu können. Das hat zur Folge, dass der Punkt, an dem die Berechnungen länger dauern würden als der Eintritt der zu berechnenden Ereignisse, sehr bald erreicht ist. Fazit: «Man kann sich ein deterministisches Universum vorstellen, in dem die Zukunft gleichwohl unbekannt und unerkennbar ist.»[33]

Aber ist das Universum tatsächlich deterministisch aufgebaut? Viele der heute führenden Wissenschaftler neigen eher dazu, diese Frage zu verneinen, als sie zu bejahen. Eines der wichtigsten Motive dafür liefert die Quantenphysik. Ihr zufolge ist es sinnlos, von einem Quantenteilchen zu sagen, es habe gleichzeitig einen exakten Ort und einen exakten Impuls. Solange ein Elektron unbeobachtet bleibt, verbietet es die Wellenfunktion, mit der sein Zustand beschrieben wird, ihm einen vollständigen Satz physikalischer Attribute mit wohldefinierten Werten zuzuordnen. Voraussagen darüber, welchen Wert eine bestimmte Größe zu einem bestimmten Beobachtungszeitpunkt haben wird, sind *prinzipiell* nur mit einer gewissen Wahrscheinlichkeit möglich. Das ist verträglich mit der Tatsache, dass sich die Wellenfunktion selbst deterministisch entwickelt, denn wenn der Wahrscheinlichkeitszustand eines Teilchens gegeben ist, so kann die Wahrscheinlichkeit der Werte errechnet werden, welche die bei der Messung zu einem späteren Zeitpunkt registrierten Größen, etwa Ort oder Impuls des Teilchens, haben werden.

Das eigentliche Problem besteht darin, ob die Wellenfunktion die Welt der Quantenteilchen so beschreibt, *wie sie an sich ist,* oder aber so, wie es uns einzig möglich ist, diese Teilchen *zu erkennen.* Im ersten Fall wäre die Welt im Kleinsten tatsächlich vom Zufall regiert, im anderen Fall würde der quantenphysikalische Indeterminismus bloß eine unhintergehbare Grenze der Interaktion zwischen Makrosystemen (Beobachtern und ihren Instrumenten) und der von ihnen registrierten Mikrowelt zum Ausdruck bringen. Der Punkt, den viele Gegner des Determinismus zu übersehen scheinen, ist nun aber, dass sich aus den quantenphysikalischen Gleichungen allein keine Option für den ersten Fall, d. h. die streng realistische Interpretation der Gleichungen, ergibt. So etwa kann der Physiker guten Gewissens sagen: «Die Wellenfunktion stellt nicht dar, wie das System *ist,* sondern was wir über das System *wissen.*»[34] Diese Interpretation ist denn auch die einzig verständliche, sobald sich herausgestellt hat, dass die Idee des Zufalls im Sinne des grundlosen Eintretens von Ereignissen als unverständlich (nicht-intelligibel) zurückgewiesen werden muss.

Es bleibt noch ein weiteres Bedenken gegen den Determinismus, das sich auf ein gänzlich anderes Argument stützt. Nicht wenige Wissenschaftler zweifeln heute daran, ob ein reduktionistisches Programm in den Naturwissenschaften realisierbar ist. Der Reduktionist geht davon aus, dass am Ende aller Erklärungs-bemühungen eine *Theory of Everything*, eine Art «Weltformel» stehen sollte, aus der sich, gegeben die Anfangsdaten des Universums, alle weiteren Fakten der Welt ableiten lassen müssten. Dagegen wird nun der grundsätzliche Einwand erhoben, dass wir es in der realen Wissenschaft mit Schichten von Gesetzen zu tun haben, die auf unterschiedliche Schichten der Wirklichkeit Bezug nehmen und keineswegs auf die Grundgesetze der Physik reduzierbar sind. Hinzu tritt die Überlegung, dass sich die Gesetze der verschiede-nen Seinsschichten entsprechend ihrer einseitigen Abhängigkeit in einer Hierarchie anordnen lassen und dass sich die Hierarchie der Gesetze selbst erst im Laufe der Evolution des Universums ent-wickelt hat.

Aus dieser Überlegung, die sich in der Tat mit Beispielen unter-mauern lässt, wird nun da und dort folgender Schluss gezogen: «Was auf einem Niveau als fundamentale Tatsache erscheint, kann jedoch von einem höheren Standpunkt aus betrachtet als rein zufäl-lig erscheinen.»[35] Betrachten wir unsere Welt, die eine Zeit- und drei Raumdimensionen hat, so steht dem gegenüber, dass, nach heute vorherrschender Meinung, die Welt zu Beginn weit mehr Dimensionen hatte. Begeben wir uns auf die oberste (oder je nach Anordnung: fundamentalste) Ebene, nämlich die einer hypotheti-schen Urgleichung, so wird zunächst keine Dimension ausge-zeichnet: «Wie höherdimensionale Theorien in die vierdimensio-nale Raumwelt und innere Dimensionen [Letztere vorfindbar in den inneren Symmetrien der Elementarteilchen] aufspalten sollen, prophezeit also kein Vorschlag einer Urgleichung [...]. Die jeweilige

Aufspaltung geschieht zufällig, so wie die Kondensation von Wasserdampf plötzlich an einem zufälligen, unvorhersagbaren Ort einsetzt und sich dort der erste Tropfen bildet.»[36]

Auch hier werden prinzipielle Nichtvorhersehbarkeit und partielle Indeterminiertheit gerne miteinander verschmolzen, indem man eine Begrenzung unseres Wissens, die womöglich grundlegend und unhintergehbar ist, auf den Gegenstandsbereich selbst – hier den Bereich von Naturgesetzen – *projiziert*. So wird dann aus einer epistemischen Aussage eine ontologische: Man spricht von den Freiheitsgraden des zu untersuchenden Bereichs und nimmt diese Redeweise wörtlich. Man fasst sie realistisch statt metaphorisch auf.

Nebenbei gesagt hat es auch nicht an dem Versuch gefehlt, eine theologische Interpretation der «Schließung» bestehender Freiheits- bzw. Möglichkeitsräume zu geben. Der Physiker Günther Ludwig schrieb ein Buch unter dem Titel *Das naturwissenschaftliche Weltbild des Christen*, worin neben anderen Beispielen der Umstand zitiert wird, dass «keine Notwendigkeit» für die Dreidimensionalität des Raumes bestehe. Hier, wie an allen Stellen, an denen das Weltsystem (relativ) offen ist, ist es Ludwig zufolge Gott selbst, der die Schließung vornimmt und damit die Schöpfung vollendet: «Auf die Frage also, woher die räumliche Ordnung kommt, erhalten wir die theologische Antwort, weil Gott gerade diese Ordnung der Dinge geschaffen hat. Der Raum ist also keine notwendige, sondern eine von Gott geschaffene Existenzform der Dinge dieser Welt.»[37]

Obwohl Günther Ludwigs Bemühen, die Schöpfung in der Physik bestätigt zu finden, bei den meisten Fachkollegen wohl eher Kopfschütteln als Zustimmung auslösen dürfte, bietet es doch eine Antwort auf die Frage, wie mit dem Moment des Zufalls in der Welt umgegangen werden sollte. Man kann den Zufall jedenfalls nicht in *der* Deutung gelten lassen, in welcher er zu der Aussage zwingt, dass es Dinge gibt, die *ex nihilo* geschehen. Auch wenn man Ludwigs Antwort ablehnt, kommt man keineswegs darum herum, eine bessere Antwort zu finden, und diese kann nicht darin bestehen, die Rede vom Zufall ontologisch statt epistemisch aufzufassen, als eine Rede über die Struktur der Sachen, statt über die Grenze unseres Wissens.

Der Indeterminismus ist keine verständliche Alternative zum Determinismus. Die Alternative zum Determinismus ist in Wahrheit das Handeln am Leitfaden von Gründen, die zwanglos als *gute* Gründe gelten dürfen. Solche Gründe bilden keine Ursachen im Sinne hinreichender Kausalbedingungen, sondern rationale Motive, denen man folgen kann, *aber auch nicht*.

Indem man sich von rationalen Motiven leiten lässt, also den «zwanglosen Zwang» der Vernunft zum Bestimmungsgrund seines Handelns macht, ist es wahr, dass man auch hätte anders handeln können. Das und nur das ist die intelligible Form der Freiheit. Sie setzt voraus, dass die Akteure nicht bloß dem Reich des Empirischen angehören. Entweder die Akteure sind vernünftige Subjekte des Handelns und *als solche* transzendental: Nur dann ist es denkbar, dass sie, gleichsam von «außerhalb» der Welt, etwas in der Welt bewirken. Oder es gibt keine Freiheit.

Daraus folgt, dass Gott nicht anders gedacht werden kann als *in Analogie* zu einem Akteur, der so handelt, dass das, was er tut, sich mit guten Gründen rechtfertigen lässt– was freilich nicht einschließt, dass wir jemals imstande wären, die «Gründe Gottes» zu kennen.

3. Spiel des Zufalls, Ritualismus

Wenn alles nur ein Spiel des Zufalls wäre, dann wäre alles sinnlos. Alle Bedeutungen wären bloß vorgespiegelt, und die Atheisten hätten Recht: Es gäbe keinen Gott. Wenn im Universum der Zufall regierte, und sei es auch nur in der verborgenen Tiefe und nur an einer Stelle des Geschehens, dann wäre Gott nicht denkbar.

Nicht, dass das Universum geordnet ist, macht die Existenz Gottes überflüssig oder sogar unmöglich. Wo Ordnung ist, dort ist ein Sinn denkbar, auch wenn er uns für immer verborgen bleiben sollte. Doch die Unordnung als eine Erscheinungsform des Zufalls schließt jeden Sinn – und damit auch die Existenz Gottes – aus.

Der Zufall gehört wie das Böse zu den fundamentalen Bedrängnissen, und wie das Böse ist er ohne Substanz und Wirklichkeit. Der zentrale Grundsatz einer Privationstheorie des Zufalls lautet: *Ex nihilo nihil fit.* Wo nichts ist, da ist auch nichts, woraus etwas werden könnte. Was das positiv bedeutet, darüber hat bereits die vorsokratische Philosophie im Anschluss an Parmenides spekuliert. Das Argument des Melissos von Samos lautet: «Immer war, was da war, und es wird immerdar sein. Wäre es entstanden, müsste vor dem Entstehen nichts sein. Wenn nichts war, kann unmöglich etwas aus dem Nichts entstanden sein.»[38]

Da ist Gottes Geist, er ist allerfüllend. «Und Gott sprach: Es werde Licht. Und es ward Licht.» Zwischen Gottes beseeltem Wort und dem Werden der Welt herrscht vollkommene Zusammenstimmung. Beide sind eins, die Schöpfung ist eine aus dem beseelten Wort, dem Logos, und nicht eine aus dem Nichts. Die Schöpfung ist eine *creatio ex nihilo* bloß *für uns,* die wir die Kraft, die hier waltet, nicht durchdringen.

Wie kann aus dem Nichts etwas entstehen? Die Frage ist das Ergebnis einer grammatischen Illusion. Es handelt sich um die Substantivierung des Wörtchens «nichts». Der Sinn, den die Rede vom Nichts haben kann, lässt sich sinnvoll nur in einem Satz ausdrücken, der kein Quasi-Etwas namens Nichts voraussetzt: «Es gibt nichts.»

Daraus geht hervor, dass eine «Entstehung aus dem Nichts» bloß soviel heißen kann wie: «Zuerst gibt es nichts und dann gibt es etwas.» Doch der Satz «Zuerst gibt es nichts» ist sinnlos. Denn eine Abfolge in der Zeit bedeutet, dass etwas existiert, was zuerst so und dann aber anders ist. Wenn es also zuerst nichts gibt, dann gibt es zuerst etwas, nämlich *nichts,* aus dem dann etwas hervorgeht, und zwar nicht nichts, sondern etwas. Hier, an diesem unsinnigen Punkt, der einen Widerspruch in sich schließt, entsteht das Nichts der Philosophie. Das Nichts wird gleichsam gedacht als das Anti-Etwas, das «zuerst» existiert und aus dem «dann», grundlos, ein Etwas entspringt, zum Beispiel jenes Etwas, das die ganze Welt ist.

Es gibt kein Anti-Etwas, so wie es Antimaterie gibt. Daraus folgt, dass das Insgesamt dessen, was ist – die Welt –, nicht aus «etwas», das *nicht* ist, entstanden sein kann. *Die Welt ist ohne Beginn.* Wenn aber der Physiker sagt, sie habe einen, so redet er entweder nicht von der Welt als dem Insgesamt dessen, was ist, oder er steht an der Schwelle eigenartiger Paradoxien.

Nach heutigem Kenntnisstand sind Raum und Zeit im Augenblick des Urknalls entstanden. Doch *woraus* sind sie *entstanden*: aus Nicht-Raum und Nicht-Zeit, aus raum- und zeitloser Nicht-Welt? Was immer so entstand, es kann nicht die Welt als Ganzes gewesen sein. Vielleicht lässt sich sagen, dass damals, in jener unvorstellbaren Tiefe der Zeit, *unsere* Welt entstand, jener Teil des Ganzen, auf das allein sich unsere empirischen Begriffe und Erkenntnismethoden – die sehr beschränkten Werkzeuge unseres winzigen Verstandes – anwenden lassen. So gesehen bildet der Urknall die Grenze zwischen unserer Welt und dem Ganzen.

Im Urknall spiegelt sich das metaphysische Übel unserer Endlichkeit. Der Mythos hingegen spiegelt unser Verlangen nach dem Ganzen der Welt: der Welt, wie Gott sie schuf, jenseits der Zeit. «Im Anfang schuf Gott Himmel und Erde.» Der Mythos spricht, er muss sprechen. Als die Erzählung endlicher Wesen bewegt er sich im Medium der Zeit, der Abfolge, des Vorher und Nachher. Doch der Anfang, den der Mythos meint, ist unbedingt: «Aus bewegtem Immerdar.»[39]

Man kann also auch sagen, dass es hier keinen Sinn hat, von einem Anfang zu sprechen. Und dennoch schuf Gott Himmel und Erde. Das heißt, Gott ist keine Ursache in Raum und Zeit; er ist das absolute Selbst. Außerhalb von Raum und Zeit existierend, schafft er das unbedingte Ganze, das weder einen Platz im Raum noch einen Beginn in der Zeit hat.

Auch das, was zufällig geschieht, geschieht unbedingt. Doch selbst Gott könnte nichts, was zufällig geschieht, erschaffen. Der Zufall als Teil der Schöpfung wäre ein Widerspruch in sich: Falls etwas das Ergebnis der Aktivität eines Selbst ist, dann ist es nicht zufällig; es hat einen Ursprung, wenn auch einen unbedingten, d. h. keinen, der in Raum und Zeit zu suchen wäre. Der Zufall hat keinen Ursprung. Das, was zufällig geschieht, hat bloß eine Bedingung, die keine ist – nichts.

«Am Anfang war nichts.» Das ist dasselbe, wie zu sagen, dass nie etwas war und dass daher weder etwas sein kann noch jemals etwas sein wird können. Wenn am Anfang nichts ist, dann ist es unmöglich, dass es so etwas gibt wie den Anfang von etwas.

Es gibt kein «Spiel des Zufalls». Manchmal allerdings entzückt uns eine Konfiguration gerade deshalb, weil sie *wie zufällig* entsteht. Dann ist es die Leichtigkeit des Entstehens, die uns als Leichtigkeit des Seins berührt, so etwa, wenn der Wind durch das Herbstlaub fährt und im Tanz der Blätter das Gewicht der Welt aufgehoben scheint, nicht aber die Schönheit und Tiefe ihrer Gestalten.

Eine Ursache des Rituals ist die Schwäche der Götter, deren Bemühung, die Welt in Gang zu halten, fortlaufend unterstützt werden muss. Eine *andere* Ursache des Rituals hingegen ist der Zufall, der als Schicksal festgehalten wird. Davon legt das Quasi-Schicksal der Helden in Paul Austers *New York Trilogy* Zeugnis ab:

«Am Ende ist jedes Leben nicht mehr als eine Summe kontingenter Fakten, eine Abfolge von zufälligen Überschneidungen, Zufallstreffern, zufälligen Ereignissen, die nichts weiter enthüllen als ihren eigenen Mangel an Bedeutung. [...] Aber genau das war es, was mich erregte – die Zufälligkeit des Lebens, der Schwindel des puren Zufalls. Es ergab keinen Sinn, und eben deshalb lag in ihm der ganze Sinn der Welt.»[40]

Sobald Austers Helden entdeckt zu haben glauben, dass im Leben alles nur ein Spiel des Zufalls ist, nicht mehr und nicht weniger, scheint ihnen auf einmal *darin*, und in nichts darüber hinaus, der Grund ihrer weiteren Existenz zu liegen. An den Regeln des Spiels, den Gewohnheiten und Ticks, so wie sie sich ergeben haben, muss fortan festgehalten werden. Sie müssen wieder und wieder *zelebriert* werden, ohne Abweichung und ohne Frage. Auf diese Weise wird der Zufall zum Ritual erhoben und die Sinnlosigkeit des Lebens zum Mythos.

So erstarren Austers Helden in den hellsten Momenten ihrer Existenz vor dem schieren Zufall, der ihr Leben *ist*. Der ritualistische Lebensstil spannt ein Netz über dem Nichts. Das Netz wird durch Knoten zusammengehalten, die der Zufall geknüpft hat. Die Knoten müssen endlos geknüpft werden. Das geschieht im Glauben daran, dass nur so die Katastrophe, der Absturz in das Nichts, verhindert werden kann.

Die Schwäche des Erzählers Paul Auster aber liegt darin, dass er den Bann, dem seine Helden unterliegen, nicht aufzulösen vermag. Denn er selber glaubt an die Unhintergehbarkeit des Zufalls, an die radikale Kontingenz des Lebens und der Welt. Der Erzähler kann seine Helden nicht in den Zustand der Erkenntnis versetzen. Er ist außerstande, sie erkennen zu lassen, dass der Zufall eine Illusion ist, die aus der Endlichkeit des Subjekts herrührt. Das Beste, was Austers Helden widerfahren kann, ist, dass eines Tages der Bann wieder gelöst wird, und zwar ebenso grundlos, wie er über sie verhängt wurde. Du lässt vom Anstarren der Wolken am Himmel im gegenüberliegenden Fenster ab, erhebst dich vom Bett; da ist der Tisch, die Tür, schon gehst du wieder deiner Wege, als ob nichts geschehen wäre. Doch es ist etwas geschehen, und niemand kann sagen, was es war. Denn das, was geschah, war alles, was sein kann, und zugleich war es nichts.

Der Zufall als Schicksal erschließt sich in seiner Bedeutung erst durch das Ritual hindurch. Er erschließt sich durch die fortwährende Wiederholung des in Wahrheit Sinnlosen. Die Bedeutung des Schicksals reicht nicht über die rituelle Wiederholung aller Elemente, die der Zufall scheinbar zu Gliedern einer Kette verbunden hat, hinaus. Jedes einzelne Glied ist bedeutungslos; seine Bedeutung hängt bloß daran, Glied in der Kette der Wiederholungen zu sein.

Zu jeder Theologie des Zufalls gehört der Gedanke, dass die endlose Wiederholung des Sinnlosen schließlich das Nichts besiegen wird. Indem sich dieser Gedanke zur Besessenheit steigert, wird das Ritual zur Gänze ritualistisch. Keiner versteht es, und darum darf niemand eine falsche Bewegung machen. Die Hohen Priester des Zufalls sind vom Nichts umnachtet. Sie fordern die sofortige Ausschaltung desjenigen, der das Ritual reformieren und es verständlich machen will.

IV

IDEALISMUS

1. Schöpfung

Der Einwand lautet folgendermaßen: Es gibt keinen Anfang der Welt. Folglich ist auch die Annahme eines Schöpfers der Welt überflüssig. Ja, mehr noch, die Annahme eines Schöpfers der Welt ist ebenso sinnlos wie die Annahme einer Schöpfung außerhalb von Raum und Zeit.

So klug dieser und ähnliche Einwände auf den ersten Blick erscheinen, so sind sie doch, näher betrachtet, hohl. Sie sind Symptome einer geistigen Vulgarität, nicht Ergebnis des Nachdenkens, sondern Reflex einer Intelligenz, die an den verschwimmenden Rändern des Wissbaren vor lauter «Aufgeklärtheit» – man könnte auch sagen: Demutslosigkeit – dem dummen Geschwätz verfällt. Denn es ist undenkbar, dass die Welt aus sich heraus besteht.

Mit Aristoteles lässt sich argumentieren, dass, obwohl der Stein durch den Stock bewegt wird und der Stock durch die Hand, die ihn hält, dadurch das Problem des Anfangens nicht gelöst wird. Das Problem des Anfangens wird nicht dadurch gelöst, dass wir die Kette der Ursachen an keinem Punkt abbrechen lassen. Die Hand wird durch die Muskeln bewegt, und die Muskeln werden durch die Nerven bewegt, und die Nerven werden durch Prozesse stimuliert, die im Gehirn ablaufen, und das Gehirn seinerseits wird durch Reize stimuliert, die aus dem Körper und der Außenwelt stammen, usw. usf. Auch wenn wir die Kette der Ursachen zurückverfolgen könnten, ohne jemals an ein Ende zu gelangen, so bliebe dennoch wahr, dass es hier, innerhalb der Kette, keinen guten Anfang geben kann. Jedes Glied der Kette ist, als Ursache, auch bewirkt, und in dem Umstand, dass die Kette *keinen* Anfang hat, wird man am wenigsten einen *guten* Anfang sehen dürfen.

Ein guter Anfang ist, dass die Hand, die den Stock bewegt, der den Stein bewegt, von mir bewegt wird oder von dir, d. h. von einer Person, die als Bewirkende nicht selbst Teil der Kette ist (so wie die Muskeln, die Nerven, das Gehirn, Ereignisse im Körper und in der Außenwelt allesamt Teile der Kette sind). Ich bin kein Teil der Kette – der Mechanik – und doch bewege ich den Stein, indem ich meine Hand bewege, die den Stock bewegt. Ich bin keine empirische Ursache und doch bin ich der gute Anfang: Ich bewege meine Hand. Ohne mich als den transzendenten Beweger der Kette hätte die Kette keinen Bestand.

Ebenso wenig hätte die beginnlose Welt einen Bestand, gäbe es keinen guten Anfang der Welt, d. h. kein transzendent Bewegendes, kein *primum movens immotum*. Wenn kein Glied der Kette für sich selbst bestehen kann (keine Wirkung ohne Ursache) und wenn die ganze Kette aus Gliedern besteht, die nicht für sich selbst bestehen können, dann kann die ganze Kette auch dann nicht für sich selbst bestehen, wenn sie keinen Anfang hat. Denn dann hätte sie überhaupt nie anfangen können entsprechend der Regel, dass zu jedem Ereignis innerhalb einer unendlichen Reihe von Ereignissen eines existiert, dass ihm zeitlich vorausliegt. Auch die beginnlose Welt bedarf der Schöpfung.

Aristoteles, *Physik* 256 a: «... bei unendlichen (Reihen) gibt es ja kein Erstes –: wenn also alles Bewegte von etwas bewegt wird, das erste Bewegende zwar selbst auch in Bewegung ist, jedoch nicht unter der Einwirkung eines anderen, so ist notwendig: Es selbst wird *von sich selbst* in Bewegung gebracht.»

Der Schöpfer ist kein Teil der Kette. Er ist, sozusagen, nicht von hier. Was er tut, unterliegt nicht der Alternative «Zufall oder Notwendigkeit». Der Schöpfer ist kein empirisches Phänomen, eingebunden in Raum und Zeit, und seine Taten sind weder bewirkt noch unbewirkt. Wenn ich etwas tue und der, der es tut, bin wirklich ich, dann hat die Frage «Tust du es zufällig?» keinen Sinn. Denn ich bin es, der es tut, und das ist Grund genug, auch wenn ich für das, was ich tue, keine weiteren Gründe nennen kann. Ebenso ist dann die Frage «Ist also das, was du tust, bewirkt?» bloß ein Zeichen dafür, dass der Fragende nicht verstanden hat, was vor sich geht. Wenn das, was ich tue, bewirkt wäre, d. h. unter der Herrschaft eines Naturgesetzes stünde, wie könnte es dann *ich* sein, der es tut? Ich bin eine Ursache *sui generis*, ein Schöpfer, der von sich selbst bewegt wird, und als solcher nicht auffindbar ist innerhalb der Kette der Ursachen und Wirkungen.[41]

Um etwas in der Welt dadurch zu verändern, dass *ich* es verändere, muss ich die ganze Welt ändern. Denn nichts in der Welt geschieht zufällig. Als Schöpfer ändere ich den Lauf der Welt, aber nicht von innen. Indem ich es bin, der seinen Arm hebt, breche ich nicht die Naturgesetze, ich zerbreche nicht die Kette der Ursachen und Wirkungen. Also muss, indem ich den Arm hebe, die Kette als Ganzes eine andere werden. Das heißt nicht, dass ich, indem ich den Arm hebe, eine rückwirkende Ursache wäre; als Schöpfer wirke ich aus dem Zeitlosen, und *so* verändere ich den Anfang der Welt. Was die Naturwissenschaft als den Anfang der Welt festzuhalten bemüht ist, verliert sich schließlich in einer Zone, wo physikalisch noch gar nichts ausgemacht ist. Das ist ein Mysterium, kein Unsinn.

Der Mensch als Schöpfer verändert die Welt, Gott erschafft sie. Woraus? Hier starren wir in das tiefste Dunkel. Aber wir selbst haben an diesem Dunkel teil. Wir wissen, dass wir Schöpfer sind, aber wir sind blind gegenüber dem Wesen der Schöpfung. Wir können das Göttliche in uns nicht sehen – so wie wir Gott nicht begreifen können –; wir *sind*, insofern wir Schöpfer sind, das Göttliche.

Nur wenn wir das Empirische so denken, dass es von Transzendenz durchdrungen ist, so, dass die Schöpfung in den Dingen lebt und strahlt, vermeiden wir den unannehmbarsten aller Dualismen. Er besagt, dass Gott etwas außer sich hat. Wir können diesen Dualismus auf keinen Fall akzeptieren, weil er der Idee Gottes widerspricht.

Das bedeutet nicht, dass Gott sich in seiner Schöpfung erschöpft. Gott erschöpft sich genauso wenig in seiner Schöpfung, wie ich mich in meinen Handlungen erschöpfe. Doch niemand, der meine Handlungen bloß empirisch versteht, als bloßes Glied in der Kette von Ursachen und Wirkungen, kann begreifen, dass es sich um einen Akt handelt, den *ich* setze. In jeder Handlung strahlt ein transzendentes Agens – ich – in die Welt ein. Und so ist auch die ganze Welt und jedes Ding in ihr von Transzendenz erfüllt.

Dass alle Dinge geschaffen sind und werden, bedeutet, dass sie von Transzendenz erfüllt sind. Auch der Stein am Mars ist von Transzendenz erfüllt, auch Hitler. Unsere eitle Vernunft ist stets auf dem Sprung, sich des Absoluten zu bemächtigen, es unserer Vorstellungskraft zu assimilieren. Sie ist stets dabei, das Einzige, worauf es ankommt, zu verderben. Man betet mit dem Gesicht im Staub oder man betet gar nicht.

Zugleich ist wahr, dass wir in Hitler das Göttliche nicht erkennen können. *Für uns* ist Hitler, als das Symbol des absolut Bösen, ohne Transzendenz. *Er* ist das Seiende, bei dessen Anblick Sartres Held zu ersticken droht.

Simone Weil hingegen sagt, man müsse drei Bereiche unterscheiden: Erstens den Bereich der Tatsachen, die unserem Willen entzogen sind. Dazu gehört, was geschah. In diesem Bereich gibt es nichts, was nicht Gottes Wille wäre: «Daher soll man in diesem Bereich unbedingt alles lieben, im Ganzen wie in jeder Einzelheit, mit einbegriffen das Böse in allen seinen Gestalten ...»[42] Der zweite Bereich ist jener, der unserem Willen untersteht. In ihm soll man tun, was Pflicht ist. Der dritte Bereich aber ist erfüllt vom Zwang, den Gott selbst auf den Menschen ausübt. Dieser Bereich ist erfüllt von der Gnade. Hier soll man gehen, wohin man getrieben wird, nicht einen einzigen Schritt darüber hinaus, nicht einmal in Richtung des Guten: «Wenn dieser Zwang sich der ganzen Seele bemächtigt hat, dann ist man im Stande der Vollkommenheit.»[43]

Simone Weil scheint sagen zu wollen, dass wir, als Schöpfer, zwar böse handeln, dabei aber das Ganze nicht verderben können.

Deshalb soll man dem, was bereits geschehen ist, seine Zustimmung nicht versagen. Als Teil des Ganzen ist das Böse, das geschah, gut in einem höheren Sinne – es ist Teil der Schöpfung –, doch insofern es nicht hätte getan werden müssen, weil es die autonome Tat eines böse handelnden Individuums war, bleibt es, für sich betrachtet, was es war und ist: böse. Simone Weil sagt, dass von einem religiösen Standpunkt aus betrachtet das geschehene Böse akzeptiert werden sollte, *weil* es geschehen ist. Denn in der unverrückbaren Tiefe des Gewesenen – aber nur dort! – fallen Gottes Wille und der unsere zusammen.

Das Geschaffene existiert in der Zeit, nicht indessen der Schöpfer, das *primum movens immotum*. Der Wille des Schöpfers ist transzendental. Erst im Akt der Schöpfung ereignet sich die Verzeitlichung des Willens: Ich tue etwas. Alle wahre Schöpfung flutet aus dem Außerzeitlichen ein.

Das Ich (das transzendentale Subjekt) hat keinen Ort in der Zeit. Es entsteht nicht. Dass der Mensch irgendwann lernt, «ich» zu sagen, und sich dessen bewusst wird, dass er «ich» sagt, ist *eine* Sache. Eine *andere* Sache aber ist die Zeitlosigkeit dessen, woran der Mensch teilhat, indem er lernt, «ich» zu sagen.

Also gibt es das transzendentale Subjekt (das Ich) auch als etwas, das sich seiner selbst nicht bewusst ist? Es ist wahr, nicht immer hatte ich bewusst teil an meiner Zeitlosigkeit, und nicht immer werde ich bewusst daran teilhaben, so wie ich jetzt daran teilhabe. Ich werde sterben.

2. Bewusstsein und Außerzeitliches

Vom ewigen Leben wissen wir nichts. Wir wissen aber, dass wir, als Schöpfer, dem Außerzeitlichen angehören. Wir gehören Gott zu. Also dürfen wir hoffen, nicht der ewigen Nacht überliefert zu werden. Diese Hoffnung ist religiös, und sie umfasst alles. Am

Schluss wird alles bei Gott sein oder nichts hat jemals wirklich begonnen gehabt. Die ganze Schöpfung wäre dann verfehlt gewesen, nichts als der substanzlose Traum eines Dämons, *a wicked illusion of light.*

Aber ist nicht das Bewusstsein das Flüchtigste? Der Traum, der zu Ende geträumt ist – verschwindet er nicht ins Nichts? Man kann nicht fragen, wozu der Traum geworden ist, nachdem er geträumt wurde, so wie man fragen kann, wozu der Körper wurde, nachdem er gestorben ist. Der Körper verwandelt sich, wird zu Asche und Luft, dient als Nahrung, wird in Zellen eingebaut und wieder ausgeschieden, wird zu Schlacke, zu Erde, zu Stein. Nichts geht verloren. Wohinein sollte sich auch verlieren, was ist? Es gibt nicht nichts.

Aber der Traum, den ich geträumt habe? Und das Glück, das ich empfunden, den Schmerz, den ich durchlitten habe? Sind sie nicht wie Schaum auf dem bewegten Meer? Mag sein, doch selbst der flüchtigste Schaum unterliegt dem ewigen Gesetz der Transformation: Nichts geht verloren, alles wandelt sich und bleibt im Wandel, als Verwandeltes, erhalten. Was immer wir über die Flüchtigkeit unserer Träume und Gefühle, unseres Bewusstseins und Selbstbewusstseins denken mögen: Es ist undenkbar, dass für sie das Gesetz der Transformation nicht gelten soll.

Indessen ist genau das die Konsequenz, die wir ziehen müssen, wenn wir dem naturwissenschaftlichen Reduktionismus Recht geben. Ihm zufolge sind alle Phänomene des Bewusstseins Epiphänomene. Sie sind Wirkungen, die selber keine Wirkungen haben. Sie sind irrlichternde Ausfransungen der Physiologie, sie baumeln im Leeren und verschwinden, aufgelöst vom Strom der Zeit, während ihr physiologisches Substrat, das Zentralnervensystem, unberührt bleibt.

Doch der Epiphänomenalismus ist in Wahrheit unverständlich. Denn es führt kein Weg vom Atom zum Bewusstsein. Daran können alle möglichen Zwischenschritte nichts ändern, solange sie ihren Ausgang von physikalischer Masse und Energie nehmen. Masse und Energie sind ineinander transformierbar, während die Phänomene des Bewusstseins weder das eine noch das andere sind. In der physikalischen Welt sind sie gar nicht *da*, nichts aus dieser Welt kann sich in sie verwandeln. Phänomenen des Bewusstseins ist jede Transformation verschlossen, die es ihnen gestatten würde, in der physikalischen Welt zu existieren. So scheint das Bewusstsein als Epiphänomen aus dem Nichts zu kommen, in rätselhafter Weise von physiologischen Gegebenheiten abhängig zu sein, um ebenso rätselhaft wieder im Nichts zu verschwinden.

Nachts, wenn sich unser Gehirn in einem bestimmten Zustand der Erregung befindet, treten wir ein in die Welt der Träume. Wir sind dann weder in unserem Gehirn noch draußen, in der Welt. Und doch sind wir *da*. Solange wir träumen, haben wir teil an einem Bewusstsein, das in einem gewissen Sinne weniger von uns abhängt als die physische Welt, die unabhängig von unseren einzelnen Wahrnehmungen existiert. Denn diese ist, ontologisch gesprochen, nicht denkbar ohne ein Bewusstsein, dessen tauglicher Gegenstand sie ist, während das allgemeine Bewusstsein – oder der Geist –, von dem hier die Rede ist, nur von sich selbst abhängt. An ihm hat alles teil.

Und manche Wesen treten vor sich selber ins Licht: Sie haben Bewusstsein und sind sich ihrer selbst bewusst. Auch Glück und Schmerz sind Realitäten dieses Allgemeinen, in dem sie nicht verloren gehen können. Sie sind Teile einer uns vorerst unfassbaren Transformation im Geist. Die Transformation findet statt, sobald wir aus dem winzigen Lichtkreis unseres individuellen Bewusstseins heraustreten. Nichts geht verloren.

Was die Wissenschaft erklärt, ist eine tatsächlich bestehende Abhängigkeit eines jeden individuellen Bewusstseins von seiner physiologischen Basis. Sie versteht jedoch das Wesen dieser Abhängigkeit nicht. Denn sie missversteht es als Epiphänomenalität des Bewusstseins, während es sich darum handelt, dass wir, die wir am Geist teilhaben wie alles andere auch, doch in einem Körper eingeschlossen sind. Wir begegnen uns selbst im Licht, aber verzerrt, verdunkelt durch unsere Gefangenschaft im Körper, der wir auch *sind*. Und dabei wissen wir um unsere Dunkelheit.

«Ich», das Allgemeinste als Prinzip der Individuation: So erfahren wir uns selbst. Das transzendentale Subjekt ist, als solches, vollkommen abstrakt und leer; als dieses Subjekt aber bin ich der, der sich erkennt und eben dadurch individuiert: Ich bin, der ich bin – verkörperter Geist.

3. Werttatsachen

Eine Anforderung, die an jede Ontologie zu stellen ist, lautet: Die Dinge müssen am Geist teilhaben können. Freude und Traurigkeit dürfen nicht so gedacht werden, dass sie nur denjenigen Wesen zukommen, die ein Nervensystem und davon abhängige Empfindungen haben. In der Welt sind eine Freude und eine Traurigkeit, die nicht mit uns, den Bewusstseins- und Selbstbewusstseinswesen, verschwinden werden. «Die Sonne scheint warm, und ich freue mich mit den Pflanzen (z. B. dem Salbei dort)», sagt der Dichter.[44] Er freut sich über den Anblick des Salbeis und freut sich *mit* ihm.

Der wissenschaftliche Standpunkt sieht in solchen Aussagen nichts weiter als die Projektion einer freudigen Empfindung nach außen. Demnach überträgt der Dichter auf den Salbei die Freude, die in ihm, dem Dichter, durch die Erscheinung und den Duft des Salbeis ausgelöst wurde. Aber der Dichter weiß intuitiv, dass der wissenschaftliche Standpunkt beschränkt, weil das Ergebnis einer begrifflichen und methodischen Restriktion ist. Denn wie jeder Mensch, sobald er die Augen aufschlägt und in die Welt eingelassen wird, weiß auch der Dichter – und er ganz besonders –, dass Stimmungen Teile eines Bewusstseinsfeldes sind, an dem die menschliche Subjektivität teilhat, ohne es zu erschöpfen.

Ganz gleich, welche Folgen die Existenz von Bewusstsein in der Welt hat, Leid, Grausamkeit, Sklaverei, die Atombombe, Auschwitz: eine Welt ohne Bewusstsein wäre – einmal abgesehen davon, ob sie überhaupt denkbar ist – auf jeden Fall minderwertig. Sie wäre insgesamt ein Absolutum an Sinnlosigkeit. Es gibt keinen Grund, warum sie jemals hätte zur Existenz kommen sollen; daher wäre sie auch niemals entstanden. Das ist gemeint, wenn dem Bewusstsein ein Wert an sich zugeordnet wird.

Das Geistlose, die «Materie», hat keinen Wert an sich. Die Materie als das Geistlose hat immer nur einen relativen Wert: Sie ist zu Diensten, Mittel zum Zweck. Wenn die leblosen Dinge dennoch einen Wert an sich haben, dann deshalb, weil auch sie am Geist teilhaben, mit Geist begabt sind. Wenn uns der Salbei *so* erscheint, dann kann es sein, dass wir uns mit ihm freuen. Und ist die Materie als das Geistlose nicht bloß ein Spuk; ein tiefer Schatten, der über der Welt liegt und die Wahrheit verdunkelt?

Insofern ich Selbstbewusstsein habe, habe ich bewusst teil am Geist. Das Bewusstsein, das sich seiner selbst bewusst ist, ist sich zugleich und unmittelbar dessen bewusst, dass es einen Wert hat, ungeachtet der Wechselfälle des Lebens.

Eine Person ist ein Wesen mit Selbstbewusstsein. Als solches kann sie unglücklich sein, sie kann sagen, dass sie sterben möchte, weil ihr Leben keinen Sinn mehr hat; und doch weiß sie, dass ihr Leben einen Wert hat, weil es mit Bewusstsein begabt ist.

Der Selbstmord ist ein Aufstand gegen die Werthaftigkeit des Lebens, im Namen einer kreatürlichen Moral: Man hat ein Recht darauf, nicht sinnlos leiden zu müssen. (Oft ist da, trotz aller Gebete, kein Gott, der dem leidenden Geist beistünde in seinem Ringen um Ergebung in das Unvermeidbare. Das Unvermeidbare ist zunächst immer das Geistlose, seine Beseelung hingegen ein Akt der Gnade.)

Ohne Geist kein Wert an sich. Das an sich Wertvolle ist an die Existenz von Bewusstsein gebunden. Aber man stelle sich ein Bewusstsein vor, das nichts empfindet, weder Glück noch Schmerz, weder Liebe noch Hass. Man stelle sich das Bewusstsein als fühlloses, rein geistiges Auge vor. Könnte ein solches Bewusstsein jemals einen Begriff davon haben, was es heißt, wertvoll an sich zu sein?

Selbst Platos Schau des Guten, der höchsten Idee, die von allen Schlacken der Sinnlichkeit befreit ist, ist als Erkenntnis zugleich höchstes geistiges Glück. Und das ist wesentlich mehr als die fühllose, gleichsam anästhesierte Erkenntnis dessen, was gut ist.

Platos Irrtum, der Irrtum des Rationalisten, bestand freilich darin, zu glauben, es könnte eine Erkenntnis des Guten geben, die im Medium eines von aller Sinnlichkeit befreiten – eines empfindungslosen – Glücks stattfindet. Doch das ist unmöglich. Jenseits der sinnlichen Welt liegt nicht die Welt der Engel, sondern die der Computer. Dort registrieren empfindungslose Sensoren, die wie Augen funktionieren, was der Fall ist. Und Metasensoren, die wie ein Gehirn funktionieren, registrieren, was registriert wird.

Man mag das dann Erkenntnis, Wissen und sogar Bewusstsein nennen; mit Geist hat es dennoch nichts zu tun. Denn eine Erkenntnis des an sich Werthaften ist an die Fähigkeit gebunden, Empfindungen zu haben und sich ihrer bewusst zu sein. Das Gute ist wie sein Schatten, das Böse, dem Sinnlichen eingeboren, nicht dem reinen Geist des Rationalisten. Das war seit jeher das Wahrheitsmoment am Materialismus.

Wenn wir erlöst werden, dann vom Bösen, nicht vom Sinnlichen. Deshalb ist die Kunst überhaupt möglich.

Eine Kunst, die vom Sinnlichen erlösen möchte, zerstört sich selbst. An dieser Grenze liegen manche Artefakte, die nichts als sich selbst bedeuten möchten: das weiße Quadrat, die leere Partitur. Es soll nichts mehr erzählt, nichts mehr dargestellt werden. Selbstreferenz heißt das Ideal. Doch Werke, die nichts außer sich selbst bedeuten, sind wie rundgeschlossene Spiegel, die bloß ihre eigene Leere spiegeln. Das führt in den ästhetischen Autismus.

Es gibt aber auch eine mystische Ästhetik, eine «Rudolf-Steiner-Ästhetik», die vor lauter Angst, das Seelenhafte dem grob Sinnlichen auszuliefern, keine Konturen mehr duldet. Die Dinge scheinen vernebelt, verblasen, eingelullt in formlose Auren, als ob gleich alles ineinander zerrinnen wollte. Das Abstoßende dieser Kunst ist, dass sie uns das zuinnerst Formlose – die Entropie – als das nahe legt, wodurch wir erlöst werden.

Werte kommen in die Welt, indem ein Wesen etwas empfindet. Mit der Empfindung ist notwendig eine Art von Bewusstsein verbunden. Zwar muss das empfindende Wesen sich seiner selbst nicht bewusst sein; doch in dem Moment, in dem es sich als das Wesen, das empfindet, bewusst wird, erkennt es auch, dass seine Empfindungen gut oder schlecht sind. Es erkennt, dass Glück etwas Gutes und Schmerz etwas Schlechtes ist.

Und wie steht es mit dem Glück des Sadisten, der sich an den Schmerzen seiner Opfer weidet? Der Sadist wäre keiner, wüsste er nicht, dass sein Glück mit den Schmerzen seiner Opfer erkauft ist. Wie also könnte er ernsthaft glauben, dass sein Glück gut ist? Das Glück des Sadisten ist nicht dasselbe wie das unschuldige Glück, das niemandem schadet, oder jenes, das aus persönlichem Verdienst erwächst. Ebenso wenig sind die Schmerzen, die man ungewollt zu ertragen hat, dasselbe wie die Schmerzen, die jemand um eines höheren Zweckes willen erduldet. Während Letztere gut mit Bezug auf die Verwirklichung eines wertvollen Zieles sind, sind Erstere bloß schlecht an sich.

Der Realismus der Werte ist nicht weniger fundamental als jener der Farben. Wir hören nicht auf, Realisten zu sein, sobald wir erkennen, dass die Existenz der Farben, die wir erleben, von der Existenz anderer, physikalischer Gegebenheiten abhängt. Die Frage ist freilich, wovon die Existenz der Werte abhängt. Hinge sie nur von uns ab, von unseren «Dezisionen» – d. h. davon, wie wir zu Glück und Schmerz «Stellung nehmen» –, dann könnte jeder für sich entscheiden, welches Glück gut und welcher Schmerz schlecht ist. Und jeder von uns hätte gleichermaßen Recht. Das aber wäre absurd. Unschuldiges Glück *ist* gut. Das Glück des Sadisten hingegen *ist* schlecht.

Die Frage, wovon die Existenz der Werte abhängt, lässt sich nicht mit Hilfe natürlicher Ursachen beantworten. Wer die Welt im Sinne der Naturwissenschaften begreift, der findet keine Werte. Die Physik hat keinen Begriff von dem, was wertvoll ist, und die Psychologie, als empirische Wissenschaft, auch nicht. Der Psychologe studiert Personen, die Aussagen machen, in denen von Werten die Rede ist; er verknüpft diese Aussagen mit Verhaltensweisen. Aber er weiß nicht, was ein Wert *ist*. Die Psychologie ist ebenso wertblind wie die Physik.

Die Existenz von Werten erfordert, die Tatsache des Geistes als fundamental zu betrachten. Nur wenn die Welt an sich Geist ist und nicht der wertblinde Kosmos der Naturwissenschaft, nur dann kann es Werte geben. Der Geist liegt allen Nervensystemen voraus; auch allen Computern. Das ist die *axiologische Kränkung* des modernen Bewusstseins.

In dem historischen Moment, in dem das moderne Bewusstsein dabei ist, sich stolz den großen Naturmechanismen zu subordinieren, taucht der widerspenstige Idealist auf. Er glaubt an Gott. Er lässt sich nicht zähmen.

Er freut sich mit dem Salbei, doch er ist kein Spinozist. Was könnte die Gleichsetzung von Geist und Natur heute noch bedeuten? Und hat sie jemals etwas bedeutet? *Deus sive natura:* War das nicht schon immer ontologischer Kitsch? Die Natur ist Materie und Mechanismus, ein die Welt durchdringender Schatten, der vom Menschen nichts weiß. Dieser Schatten hat alle Dinge so tief durchdrungen, dass keine subatomare Teilung ihn aufsprengt. Die Frage des Geistes stellt sich *im* Bewusstsein, oder sie stellt sich gar nicht.

«... Dionysos' Morast, der fleischige Dung der fruchtbaren Gebärmutter. Gesichtssinn gibt es nicht, weil es keine Augen gibt. Apollons Sonnenfackel ist ausgelöscht; das Herz der Schöpfung ist blind.»[45]
Wie aber konnte sich, wenn das Herz der Schöpfung blind ist, Apollons Sonnenfackel jemals entzünden? Woher kommen die Augen?

Die Lust, alles aus der weiblichen Bauchhöhle entstehen zu lassen, ist ein zutiefst fragwürdiger Zug auch unserer neuesten Metaphysik. Mit ihr rutscht der Drang zur Erlösung, statt zum Vater in den Himmel zu streben, nach unten durch, ins Intrauterine. Hinter diesem Gang zur Mutter steckt der Widerwille gegen alles, was den europäischen Menschen groß gemacht hat: Aufklärung, Humanismus, Technik und Zivilisation. Die Hellen und Weiten Griechenlands, aber auch die Blitze und Kathedralen des Christentums versinken in einer engen, finsteren Blase. Dort wabert das keimende Leben objektlos vor sich hin, es sind ihm noch keine Augen gewachsen. Dumpf hört es, ohne sich dem Hören entgegenzusetzen. Es *ist* Hören, immer nahe am Pochen und Rauschen des Blutes. Es *ist* Pochen und Rauschen und Rumoren aus der Tiefe des Gedärms. So schaukelt es blind seiner Geburt entgegen.

Und ist nicht die Geburt die Katastrophe schlechthin? Dem Wesen, das an der Nabelschnur lebte, wird der erste Atemzug zur lebenslang nachhallenden Pein des Erstickens. Das einflutende Licht wird ihm zur Blendung und, späterhin, zum Fanal seiner Austreibung aus dem Paradies. Es ist das Licht, dem die Metaphysik hier den Prozess macht. Weiß sie, was sie tut? Weiß sie auch, wie tief sie alles Weibliche herabwürdigt, indem sie zum Uterus als ihrer blinden, fast tauben Gottheit hinstrebt, hin zur bergenden Mutter Urhöhle, der alles Distinkte, Individuelle, Autonome am Menschen nichts ist? Weiß diese Art von Metaphysik, dass sie das Wesen der Frau mit dem Morast gleichsetzt, und sei es mit dem des Dionysos?

V
Logik des Absoluten

1. Die beiden Seiten des Ganzen

Alle Geschichte lässt sich zweifach betrachten: Einerseits als das, was geschehen und daher unveränderlich ist; andererseits als das, was auch hätte anders kommen können. Gemäß der ersten Perspektive haben wir es mit dem zu tun, was bereits Teil des Ganzen geworden und daher in einem transmoralischen Sinne gut ist. In diesem Sinne sagen wir, dass die Schöpfung gut ist unbeschadet der Übel, die in ihr auftreten. Demgegenüber stellen wir, entsprechend der zweiten Perspektive, die Geschichte gleichsam gedanklich vor uns hin, als ob sie erst im Entstehen begriffen wäre. Wir stellen uns vor, die Akteure hätten noch die Möglichkeit, das, was sie getan haben, zu unterlassen: Noch sind sie frei. Das rückt sie ein in den Kreis derer, die nach den Maßstäben der menschlichen Moral zu beurteilen sind, und das heißt: Sie haben noch nicht teil am Ganzen – an *der* Schöpfung, die Gottes Werk und nicht mehr das des Menschen ist.

«Da nun Gott, in dessen Ewigkeit es keinerlei Wandlung gibt, Schöpfer und Ordner der Zeiten ist, kann man unmöglich sagen, er habe erst nach Ablauf von Zeiten die Welt geschaffen.» Das sind die Worte des Aurelius Augustinus: Die Welt ist nicht in der Zeit, sondern mit der Zeit erschaffen.[46]

Dass die Entstehung der Zeit mit der Entstehung der Welt zusammenfällt, lehrt uns die heutige Physik. Zeit, Raum und Materie sind miteinander verflochten. Falls es stimmt, dass die Welt mit dem Urknall begonnen hat, stand am Anfang, so wie ihn die Wissenschaft beschreibt, eine physikalische Singularität.[47] Jedenfalls befand sich die Materie in einem Zustand derartiger

Verdichtung, dass ein unendlich starkes Gravitationsfeld mit einer unendlichen Krümmung der Raumzeit die Folge war. Eine zeitliche Erstreckung der Welt über den Urknall hinaus, gleichsam eine leere Welt vor der Entstehung des Kosmos, ist also nicht denkbar.

Was war vor dem Urknall? Darauf, sagt Paul Davies in seinem Buch *About Time*, lautet die richtige Antwort: *Nichts*.[48] Aber schließt diese Antwort nicht aus, dass es so etwas wie eine Schöpfung gab? Davies ist offensichtlich anderer Meinung, er selbst zitiert Augustinus zustimmend. Dass es vor dem Urknall nichts gibt, kann daher nur heißen: Die Schöpfung findet im Zeitlosen statt. Wenn nun aber das Zeitlose (Ewige) so aufgefasst werden muss, dass in ihm keine Aktivität stattfindet – wie ist dann eine Schöpfung überhaupt möglich?

Denken wir daran, dass der gute Anfang immer nur von einem Subjekt gemacht werden kann. Nur der Anfang, den ich selbst mache, kann aus sich heraus bestehen. Aber ich als die Quelle meiner Handlungen bin in der Zeit nicht veränderlich. Ich bin der seiner selbst bewusste und dabei invariante Träger meiner Eigenschaften und Potenzen. Ich, als dieser «Träger», cartesisch gesprochen: als diese geistige Substanz, existiere im Zeitlosen, von wo aus ich erkenne, will und handle. Ich bin das zeitlose, kantisch gesprochen: das transzendentale, Subjekt der zeitlich bestimmten Objektivationen, die ich mir als die meinen zurechnen kann und zurechne. Hier haben wir das endliche Modell zum Verständnis der Schöpfung, die Gottes Werk ist.

Die Frage, wie Veränderung im Zeitlosen möglich sei, braucht also gar nicht beantwortet zu werden. Subjekte sind zeitlos und unveränderlich; *und* sie können sich in der zeitlichen Welt objektivieren. Das bedeutet nicht, dass sie sich als die Subjekte, die sie sind, verändern und zu anderen Subjekten werden. Ein für allemal gilt: «Ich bin, der ich bin.» Andernfalls würde der, der sich objektiviert, dadurch, dass er sich objektiviert, ein anderer werden: Niemals wäre es einem Subjekt möglich, sich zu objektivieren, ohne sich nicht gleichzeitig zu zerstören. Im Gegensatz dazu wissen wir, dass wir uns selbst verwirklichen, indem wir uns in der Zeit entfalten. Als das Ich, das jeder Mensch ist, ist er auch ein «Abbild Gottes»: Jedes Ich kann durch sein Handeln Unterschiede in der Welt hervorbringen, die es andernfalls nicht gegeben hätte.

Die Frage, wie wir uns Gott vorzustellen haben, ist eine andere Frage als die, wie er uns am liebsten wäre, aber auch eine andere Frage als jene, wie er tatsächlich ist. Während wir die letzte Frage nicht beantworten können, ist die zweite Frage kindisch: Wie uns Gott am liebsten wäre, spielt keine Rolle, sobald wir erkannt haben, dass wir ihn *nicht anders wollen können* als so-und-so. Wir haben uns Gott so vorzustellen, dass er genau jenes Wesen ist, von dem wir nicht wollen können, dass es anders wäre, als es sich uns – unserem endlichen Gemüt und Verstand – erschließt.

Wir können nicht wollen, dass Gott etwas außer sich hat; und wir können nicht wollen, dass er nichts weiter ist als das Ganze.

Wäre Gott nichts weiter als das Ganze, so bliebe er diesem vollkommen unterworfen. Er wäre bloß ein tragisches Abstraktum: die «Weltseele», eine zunächst noch ungeschiedene Potenz, die, je weiter sie sich in der Zeit und Endlichkeit entfaltet, um so mehr dem blanken Naturmechanismus, der Bedeutungslosigkeit und dem Leiden verfällt. Schopenhauers Weltwille, der missratene Erbe des Idealismus, will, nachdem er ein in sich entzweites Subjekt-Objekt geworden ist, nichts mehr weiter als sterben: Er will zurück in die Urheimat, zur Ungeschiedenheit und zur Bewusstlosigkeit.

Erlösung ist nur möglich, wenn auf das Ganze ein Licht von außen fällt. Die Welt, als das Ganze, ist das Exil. Der zweite Korintherbrief des Paulus fasst das in die bewegenden Worte: «Denn wir wünschen uns doch so sehr, dass alles, was sterben kann und was tot ist, vom Leben Gottes aufgehoben und wie verschlungen werden möge.»[49]

Wir wollen nicht von den Gewalten der Welt, wir wollen vom Leben Gottes *wie* verschlungen werden – das «wie» in der Übersetzung von Klaus Berger und Christiane Nord ist hier entscheidend.⁵⁰ Das Leben Gottes darf uns nicht als eine äußere Macht gegenübertreten, die sich uns einverleibt und uns dabei zerstört. Unsere Sehnsucht nach der Heimat ist kein Todesverlangen. Aber gegenübertreten muss uns Gott doch. Das macht es so schwierig, ihn zu verstehen.

Hätte Gott auch nur den Schatten einer Bewegung eines Atoms außer sich, wäre er, anders gesagt, nicht auch dieser Schatten, diese Bewegung, dieses Atom, dann wäre er als der Gott, zu dem wir beten *können,* ganz und gar verdorben. Denn im Gebet verehren wir nicht den Urheber bloßer Machtentfaltung, hätte jener auch Berge versetzt oder die ganze Welt erschaffen. Zum Demiurgen beten wir nicht, sondern zum Vater, der sich als Sohn opfert. *Wir beten zu dem Gott auf beiden Seiten der Grenze.*

Erlösung kann nur von einem Wesen kommen, das sich in der Umwandlung aller Dinge mitwandelt. Die Erlösung vom Übel geschieht von innen her oder gar nicht. Geschähe sie von außen, sie würde den Erlöser tödlich korrumpieren: Warum hat er zugelassen, was er schließlich doch wieder zurücknehmen muss?

In der Erlösung fällt auf das Ganze ein Licht von außen, das aber zugleich das Licht des Ganzen *ist.* Das Ganze ist als solches nur real, sofern es sich im Augenblick seiner Realisierung selbst transzendiert, das heißt, auf ein Subjekt verweist, durch welches das Ganze hervorgebracht wird.

2. Komplementarität als Prinzip

Alle Erkenntnis Gottes (falls von Erkenntnis hier die Rede sein darf) unterliegt einem Prinzip der Komplementarität. «Denn alle sind wir Sünder, und wir haben auch nicht das kleinste Fünkchen von Gottes Lichtglanz und Herrlichkeit.»⁵¹ Das eben ist die eine Seite;

die andere aber ist die, dass Gott nichts außer sich hat: Er inkorporiert unsere Dunkelheit. Es gibt Stadien infinitesimaler Annäherung und Stadien unüberbrückbarer Distanz. Es gibt die Liebe, so wie es Auschwitz gibt. Es gibt an den Extremen Bilder, die wir weder begrifflich noch emotional zusammenschauen können. Das heißt indessen nur: Wir sind nicht Gott.

Das Grundproblem jeder Theologie, die mit dem Prinzip göttlicher Komplementarität arbeitet, lässt sich in die Frage kleiden: Wie weiß man, dass man es mit dem *einen* Gott zu tun hat? Die «Widersprüchlichkeit» der Erscheinungsweisen des Göttlichen, ob anschaulich-metaphorisch oder begrifflich-abstrakt, könnte ja auch bedeuten: Da sind mehrere! Um diesem Problem zu begegnen, bietet sich das Kriterium des intelligiblen, sich selbst vernünftig bestimmenden Willens an: Wir fragen, ob wir Gott so-und-so *wollen können.*

Im Römerbrief schärft Paulus der Gemeinde ein, dass das Erbarmen Gottes allein von Gottes Wollen abhänge und nicht von den Absichten und Werken des Menschen. Paulus verweist auf Exodus 9,16, wo der Gott des Alten Testaments, Jahwe, dem Pharao erklärt, er habe ihn am Leben gelassen, um seine – Jahwes – Macht zu demonstrieren und seinen – Jahwes – Namen auf der ganzen Erde bekannt zu machen. Der Pharao wird in dieser biblischen Episode von Gott skrupellos benützt. Um den Pharao daran zu hindern, angesichts der ihn und sein Volk treffenden Plagen rasch einzulenken und die Israeliten ziehen zu lassen, verhärtet, wie es heißt, Jahwe das Herz des Pharaos, der dadurch gezwungen wird, im Ungehorsam zu verharren und den Kelch der Plagen voll auszukosten. Jahwes Machtdemonstration endet im schrecklichsten Terror: Gott selbst erschlägt alle Erstgeborenen in Ägypten, ob Mensch, ob Tier, und macht auch vor dem Sohn des Pharaos nicht Halt.[52] Es ist diese Episode, die Paulus zu der folgenden Betrachtung veranlasst:

«Nach seinem freien Willen wird Gott sich des einen erbarmen, den anderen aber verstocken, also harthörig und hartherzig machen und dadurch ins Unheil schicken. Man kann nun fragen: Wieso darf Gott den Menschen dann zur Rechenschaft ziehen, wenn sich doch seinem Willen keiner entgegenstemmen kann? Gegenfrage: Wer bist du denn, dass du als Mensch Rechenschaft von Gott verlangen dürftest? Das Tongefäß kann doch nicht seinen Töpfer vorwurfsvoll fragen, wozu er es so und nicht anders gemacht hat! Hat nicht ein Töpfer das Recht, aus seinem Ton zu machen, was er will – Tafelgeschirr oder Nachtgeschirr? Gott darf seinen Zorn wie auch seine Macht an dem zeigen, was er schafft. Einerseits erschafft er in Wut misslungene Gefäße, die zum Zertrümmern gedacht sind, und er erträgt sie noch dazu in Großmut. / Und andererseits erschafft er mit großer Liebe gefertigte Gefäße, die dazu gedacht sind, all seine Herrlichkeit zu zeigen. Solche Gefäße sind wir ...»[53]

Diese Worte des Paulus stehen jedoch in einem höchst eigenartigen Gegensatz zu Römerbrief 8,15, wo es heißt: «Ihr müsst keine Angst mehr haben, denn der Heilige Geist, den ihr empfangen habt, begründet keine neue Sklaverei, sondern macht euch zu Kindern, die ‹Abba, unser Vater!› rufen können.»

Abba, so betet Jesus, von Todesfurcht gepeinigt, am Ölberg: «Abba, Vater, du kannst doch alles. Mach, dass ich diesen Leidensbecher nicht austrinken muss. Doch nicht, was ich will, sondern was du willst, soll geschehen.»[54] Abba, das ist der mitleidende Gott des Neuen Testaments, der, wie es heißt, hinwegnimmt die Sünden der Welt. Wir *können wollen,* dass sein Wille geschehe, denn sein Wille ist gut.

So wenig wir, als kognitive Wesen, wollen können, dass wir an die Unwahrheit glauben, so wenig können wir, als moralische Subjekte, wollen, dass wir uns an das Böse binden – denn so wie die Unwahrheit das ist, woran nicht geglaubt werden sollte[55], so ist das Böse das, was nicht gewollt und nicht getan werden sollte.

In diesem Sinne können wir nicht wollen, dass Jahwe das Herz des Pharaos verhärtet, um ihn für etwas bestrafen zu dürfen, was er nicht getan hätte, wäre sein Herz nicht verhärtet worden. Wir können nicht wollen, dass jemand mutwillig gezwungen wird, das zu tun, was nicht getan werden sollte.

Die paulinische Erörterung der Gerechtigkeit Jahwes verdeutlicht das Problem weit über das Rhetorische hinaus. Indem Paulus ein von Jesaja verwendetes frommes Motiv übernimmt – das Motiv von der Töpferware, die nicht in der Lage ist, den Töpfer zu beurteilen[56] –, stellt er uns die Machtvollkommenheit Gottes im Bild so dar, dass sie sich in nichts mehr von den monströsen Anmaßungen ungezügelter Potentaten unterscheidet. Gott erschafft in Wut misslungene Geschöpfe, Menschen, die zum Zerschmettern gedacht sind. Das Obszöne ergibt sich hier nicht aus Gottes unerforschlichem Ratschluss, sondern daraus, dass Gottes Raserei psychologisch motiviert wird: In Wut schafft Jahwe Menschen, deren innere Missgebildetheit er dann, wie im Falle des Pharaos und der Seinen, zum Anlass einer spektakulären Auslöschung nehmen kann.

Paulus sagt, man dürfe von Gott keine Rechenschaft verlangen. Das mag man, im Geiste der Komplementarität, so auffassen, dass Gottes Vollkommenheit unseren endlichen Verstand übersteigt. Wir wissen, dass Gottes Schöpfung gut ist, und dabei begreifen wir die Existenz des Übels in ihr *im Grunde* gar nicht. Wir wissen, wie es ist, frei zu handeln, aber *das Wesen* der Freiheit ist uns verschlossen. Der Fehler der Theodizee besteht gerade darin, die Schöpfung in den Kategorien eines endlichen moralischen Verstandes rechtfertigen zu wollen – ein Unternehmen, das notwendig dazu führt, dass Gott für die Übel der Welt verantwortlich gemacht und schließlich abgeschafft wird.

Dass wir Gottes Schöpfung nicht begreifen können, ist eine Folge davon, dass Gott außerhalb des Ganzen steht und wir, insofern wir außerhalb des Ganzen stehen, d. h. transzendentale Subjekte sind, nur das *Wie* unseres Außerhalbseins kennen, ohne einen Begriff davon zu haben, *was* dieses Sein ist. Wir sind nicht Gott. Daraus lässt sich jedoch nicht folgern, dass wir keinen Rechtsanspruch haben, die Vorstellung vom böse handelnden Gott zu kritisieren, auch wenn es sich dabei um biblisches Erzählgut handelt. Denn einen Gott, der Böses tut, können wir nicht wollen.

Die paulinische Doktrin ist dermaßen anstößig, dass sie nach einer Erklärung verlangt. Sie lautet, dass sich bei Paulus das Bild des neutestamentarischen Gottes, Abba, mit jenem des eifernden Gottes aus dem Alten Testament, Jahwe, überlagert. Letzterer trägt Züge eines archaischen Despoten, der rachsüchtig und grausam gegenüber seinen Geschöpfen handelt. Jahwes Archaik wird bei Paulus paradoxerweise dazu verwendet, die Erhabenheit von Abba, dem liebenden Vater, zu dem Jesus betet, auszudrücken. Das führt zu der unsinnigen Vorstellung, dass Gottes Unendlichkeit eine Berechtigung zu bösem Handeln einschlösse – so, als ob durch die radikale Distanz des absolut Guten zu allem irdischen Machwerk der Unterschied zwischen Gott und Teufel verwischt würde.

Gott tut nichts Böses. Daraus folgt nicht, dass erst wir das Böse hervorbringen, denn hier wie in allen anderen Belangen hat Gott nichts außer sich. Es folgt aber, dass das Böse ein *undurchdringlicher* Schein ist, eine ontologische Illusion, die wir, die *endlichen* Wesen, nicht aufzulösen vermögen. Jede Theodizee ist ein Fehlschlag, sobald sie sich anheischig macht, die Schöpfungsadäquatheit des Bösen, oder gar seine metaphysische Notwendigkeit, zu demonstrieren.

3. Die Minimalasymmetrie im Wesen Gottes

Gott ist der Schöpfer, der sich selbst erschafft. Er hat nichts außer sich – außer eben dies: Dass er der Schöpfer all dessen ist, was er erschafft.

Auch ich bin nicht mehr als die Summe all dessen, von dem ich sagen kann: «Ich bin es». Und dazu gehört aber, dass ich das *Subjekt* all dessen bin, was ich bin. Jedes Element aus der Summe all dessen, von dem ich sagen kann, dass ich es bin, ist eben dadurch «ichhaft». Deshalb scheitert jeder Versuch, das Subjekt aus subjektlosen («ichlosen») Daten aufzubauen. Das Subjekt ist transzendental.

Von Gott müssen wir annehmen, dass er sich selbst als das Subjekt erschafft, das nichts außer sich hat. Hier ist der Punkt, an dem das Mysterium zu einem Block wird, vor dem wir geistig erblinden. Als Schöpfer können wir uns nicht auf unsere Transzendentalität, unsere «Ichhaftigkeit», zurückbeziehen: Als das Ich, das wir sind, stehen wir gleichsam immer schon hinter uns. Wir handeln aus einer Tiefe heraus, in der wir am Göttlichen teilhaben, freilich ohne sie im Geringsten zu begreifen. Sollen wir sagen, worin unser Ich besteht, dann starren wir ins Leere: Wir haben keine Idee. Wir sind, die wir sind, ohne sagen zu können, auf welchen Merkmalen unsere Identität basiert, außer eben der «Ichhaftigkeit» unseres Lebens.

Aber ist nicht die Idee der Selbsterschaffung Gottes ein Widersinn? Gott, als das absolute Subjekt, existiert im Zeitlosen. Gott kann nicht zugrunde gehen, er ist unvergänglich und beginnlos; wie könnte er also entstehen?

Wir neigen dazu, die Beginnlosigkeit Gottes als ein «Faktum» zu denken. Freilich, wenn es sich hier um ein Faktum handelte, würden wir Gott von etwas abhängig machen, was ihm ganz äußerlich wäre. Er hätte seine Ungeschaffenheit außer sich. Selbsterschaffung im Zeitlosen ist indessen keine Frage der Hervorbringung; sie ist eine Frage der *Anverwandlung*. Deshalb war es der Grundgedanke des Idealismus, dass in der Sphäre des Subjekts, im Zeitlosen, alles Erschaffen Selbsterschaffung durch Selbsterkenntnis ist. Die Selbsterschaffung Gottes wäre demnach ein Akt der Selbsterkenntnis. Im reflexionsphilosophischen Drama setzt das Ich sich selbst als Objekt, als sein Gegenüber. Das Ich geht in sein eigenes Nicht-Ich über und schaut sich darin als das Ich an, das sich selbst erschafft.

Diese ganze Bewegung der Erkenntnis ist als ein Vorgang im Zeitlosen selber zeitlos oder «ewig», an kein Medium der Übertragung gebunden, weder im Gehirn noch im Kosmos. Das bedeutet, dass das Ich immer schon sich selbst reflektierendes Ich ist, mit der Existenz des einen geht die des anderen einher, und die «Bewegung» der Reflexion ist eine identitätslogische, keine zeitliche. Reales Subjekt zu sein, heißt, sich seiner selbst bewusstes Subjekt zu sein, und so kann das reale Subjekt gar nicht anders existieren als im Zustand anverwandelter Beginnlosigkeit. Zu begreifen, *dass* man ein Subjekt ist, heißt zu begreifen, dass man keinen Anfang haben kann – dass man im Zeitlosen wurzelt.

Es ist dieser Punkt, um den der ganze Idealismus eines Fichte, Hegel und Schelling kreist, oder besser gesagt: Es ist die kleine Störung oder Fluktuation im Subjekt, das sein Objekt *ist* und, als das Subjekt dieses Objekts, zugleich *nicht* ist – es ist diese identitätslogische Minimalasymmetrie, wodurch erst das göttliche Subjekt aus seinem Zustand reiner Selbstversenkung heraustritt und durch einen «Akt» ursprünglicher Selbstobjektivierung den Beginn der endlichen, von Raum und Zeit beherrschten Welt ermöglicht.

Ein kosmologisches Analogon zu dem eminent theologischen Problem der Minimalasymmetrie im Wesen Gottes liegt in der Frage, wieso sich unser Universum nicht schon aufhob, bevor es überhaupt begann. Zu erwarten wäre, dass am Anfang gleich viel Materie wie Antimaterie vorhanden war, und zwar unter symmetrischen Zerfallsbedingungen. Aber dann hätten sich beim Urknall Materie und Antimaterie wechselseitig zu reiner Energie (Gammastrahlung) umgewandelt, was jedoch offensichtlich nicht der Fall war: Es gibt die Welt.

Der Gott des Plotin, das All-Eine, ist nicht *bloß* vollkommen. Bloße Vollkommenheit nämlich hätte zur Folge, dass Gott in sich ruht, absolut symmetrisch, eine vollendete Kugel ohne Neigung nach irgendeiner Seite, und daher weder willens noch fähig, die Welt zu erschaffen. Der plotinische Gott ist daher *mehr* als bloß vollkommen; er ist die Überfülle. Sein «Mangel» ist ein Zuviel – ein Zuviel an Vollkommenheit, an Licht. Deshalb muss er überströmen. Und so entsteht die Welt: Göttliche Seelenfunken fallen in die

Dunkelheit, und sie beleben das Nichts, als welches bei Plotin die Materie erscheint.

Die Frage, wie Gott an den Unvollkommenheiten der Welt teilnimmt, wie es möglich ist, zugleich vollkommen zu sein und nichts außer sich zu haben, lässt am ehesten – unter Rücksicht darauf, dass wir uns im Herzen des Mysteriums befinden – folgende Antwort zu: Das vollkommene Wesen weiß, *wie es ist*, unvollkommen zu sein. Man kann sagen, dass Gott in dem Sinne alles ist, in dem er weiß, wie es ist, jedes Einzelne und Alles zu sein. Weder ist das Wissen an sich ein Vorgang in der Zeit, noch zerstört es die Vollkommenheit dessen, der weiß. Im Gegenteil, jeder Schatten eines Nichtwissens fällt als Mangel über die Vollkommenheit.

Die Welt ist darstellbar als das Wissen Gottes, *wie es ist, die Welt zu sein*. Dass sich für uns Wissen und Welt nicht decken, ist eine Tatsache, deren Ursprung uns dunkel bleibt. Aber das hindert uns nicht daran, zu verstehen, dass, wären wir vollkommen, Wissen und Welt in eins fielen. Das ist die Wahrheit an Hegels absolutem Geist. Hegels Anmaßung war es freilich, für möglich zu halten, wir könnten uns, durch die Weltgeschichte des Wissens hindurch, bis zur Höhe des absoluten Geistes hinaufreflektieren.

Wir wissen nicht, wie es wäre, Thomas Nagels Fledermaus zu sein[57], weil wir, eingeschlossen in unsere Subjektivität, nicht wissen können, wie es ist, eine Fledermaus zu sein. Wir können nicht wissen, wie es ist, ein anderer zu sein. Um das zu wissen, müssten wir der andere werden. Nur als der, der man ist, weiß man, wie es ist, der zu sein, der man ist. Zu wissen, wie es ist, die Welt zu sein, hat also, von unserem Standpunkt aus gesehen, zur Voraussetzung, dass man die Welt *ist* – eine für uns, die endlichen Wesen, ganz unsinnige Idee.

Vom göttlichen Standpunkt aus verhält es sich indessen so: Die Welt zu sein, bedeutet zu wissen, wie es ist, die Welt zu sein.

VI
Das Werden des Absoluten

1. Zeitfluss und Ewigkeit

Der Fluss der Zeit, sagt Paul Davies, ist eine irreführende Metapher. Man kann fragen, welche Strecke der Fluss in einer Sekunde zurücklegt; doch man kann nicht fragen, welche Strecke die Zeit in einer Sekunde zurücklegt. Es ist sinnlos, zu sagen, dass die Zeit in einer Sekunde eine Sekunde zurücklegt. «Das heillose Durcheinander der Metaphern wird mit einem Schlag deutlich. Geschwindigkeit ist definiert als die Entfernung, die pro Zeiteinheit zurückgelegt wird. Wie kann die Zeit etwas ‹in der Zeit› zurücklegen?»[58]

Es ist nicht klar, worauf Davies hinauswill. Vernünftige Menschen sind in der Lage, zwischen Fragen bezüglich Maßstäben und Fragen bezüglich dessen, was Maßstäbe messen, zu unterscheiden. Sie würden nicht auf die Idee kommen, zu fragen, wie lange ein Meter ist oder wie lange eine Stunde dauert. Dennoch würden sie nicht zögern, zu sagen, dass die Zeit vergeht und dass die Zeit, die sie erleben, nicht immer gleich schnell vergeht. Manchmal messen die Uhren die Zeit genau und manchmal ungenau. Manchmal will die Zeit nicht vergehen, und manchmal vergeht sie wie im Flug. Darüber hinaus hat Einsteins Spezielle Relativitätstheorie einen tiefliegenden Zug der Wirklichkeit aufgedeckt: Uhren an zueinander bewegten Orten gehen unterschiedlich rasch. Man kann also sagen, dass die Zeit in einem Flugzeug, das die Erde umkreist, *langsamer verfließt* als die Zeit auf der Erde.

Dennoch behauptet Davies, dass seit Einstein die Physiker im Allgemeinen die Ansicht ablehnen, dass Ereignisse *geschehen*, im Gegensatz zum *Bestehen* von Ereignissen in der vierdimensionalen Raumzeit.[59] Das hat damit zu tun, dass im Raumzeit-Kontinuum die Zeit mit Hilfe einer mathematischen Operation «verräumlicht» wird. Wenn man die Welt so darstellt, dann hat es den Anschein, als ob alles Nacheinander *in Wirklichkeit* ein Nebeneinander wäre.[60]

Auch Davies sieht den Zeitpfeil, der aus der Vergangenheit über die Gegenwart in die Zukunft weist, nicht in einem unumkehrbaren «Fluss der Zeit» begründet, sondern in der Struktur der Ereignisse, die in der Raumzeit benachbart sind. In einem Film sehen wir, wie ein Ei zu Boden fällt und zerbricht. Wir zerschneiden den Film in einzelne Bilder und bringen sie durcheinander. Anschließend wird es uns dennoch nicht schwer fallen, die ursprüngliche Ordnung wiederherzustellen. Das beweist, sagt Davies, dass die Existenz des Zeitpfeils und seine Richtung *nicht* davon abhängen, ob der Film tatsächlich läuft.[61]

Diese Betrachtungsweise erfordert freilich, dass alle im «Weltfilm» umkehrbaren Vorgänge, d. h. alle Vorgänge, gegen deren Umkehrbarkeit nichts spricht, *solange man sie isoliert betrachtet* – man denke etwa an die Bewegungen eines Pendels oder die Umlaufbahn eines Planeten –, ihrerseits *Teile* von *nicht* umkehrbaren Vorgängen sind. Ansonsten fiele der Zeitpfeil weg und die Zeit könnte genauso gut in die eine wie in die andere Richtung fließen. Daraus folgt, dass der größte Ereigniskontext, also das Universum selbst, einen Zeitpfeil haben *muss*.

Angenommen, wir hätten bloß die durcheinandergebrachten Bilder eines Films, der die Entwicklung des Universums zeigt. Wie könnten wir die richtige Reihenfolge der Bilder und damit die Geschichte des Universums rekonstruieren? Der Rat von Davies, wir sollten auf die Struktureigenschaften der Bilder achten, fruchtet nichts, solange wir nicht wissen, *welches die grundlegenden Struktureigenschaften des Universums sind*. Ohne ein solches Wissen könnte eine bestimmte Anzahl von Bildern in ganz unterschiedlicher Weise interpretiert werden. Zum Beispiel: Die Bilder zeigen das Universum, wie in ihm gerade ein Ei zu Boden fällt und zerbricht; oder die Bilder zeigen das Universum, wie in ihm die Teile eines Eis vom Boden aufsteigen und sich zu einem unbeschädigten

Ei formieren; oder die Bilder zeigen das Universum, wie sich in ihm Materieteilchen, die Teile eines Eis sein könnten, in chaotischen Zuständen hin- und herbewegen. Um hier Eindeutigkeit zu erzeugen, muss man davon ausgehen, dass unter den Grundgesetzen der Welt hinreichend starke *Sukzessionsgesetze* sind, die festlegen, welche Ereignisse *vor* welchen anderen Ereignissen stattfinden. Erst dadurch wird ein Zeitpfeil und mit der Entfaltung des Universums entlang dem Zeitpfeil ein «Fluss der Zeit» konstituiert. Fundamental ist der Zweite Hauptsatz der Thermodynamik, der das Anwachsen der Entropie im Universum mit dem Älterwerden des Universums verknüpft.

Dass bestimmte Ereignisse vor bestimmten anderen Ereignissen stattfinden und dass wir, wo immer wir uns befinden, eine bestimmte Position im universalen Vorher und Nachher einnehmen, ist also keine subjektive Illusion, sondern eine Grundbefindlichkeit der Welt.

Eine Illusion ist die Absolutheit der Zeit. Aber daraus folgt nicht, dass es keinen kosmischen Zeitpfeil gibt. Es gibt vielmehr eine absolute Schranke der Relativität. Wir können nicht in die Vergangenheit zurückkehren. Andernfalls wären Widersprüche im Sein unvermeidlich. Könnte ich jetzt in die Vergangenheit zurückkehren, dann könnte ich die Vergangenheit so ändern, dass die Ursachen dafür, dass ich jetzt in die Vergangenheit zurückkehren und sie ändern könnte, aufgehoben würden. Das ist aus logischen Gründen unmöglich. Daher ist jeder Schritt in die Vergangenheit, wie klein er auch sein mag, ausgeschlossen.

Das Wesen der Zeit liegt darin, dass Ereignisse *geschehen*. Der Geschehenscharakter der Welt ist nichts Abgeleitetes. Denn wir können die Dinge unserer Erfahrung nicht anders denken, als dass sie in Vergangenheit, Gegenwart und Zukunft einen bestimmten Platz zwischen anderen Dingen einnehmen, die zeitlich vor oder nach ihnen platziert sind. Diese Ordnung kann durch den Wechsel des Bezugssystems relativiert, aber nicht vernichtet werden. Zwar führt von der erfahrbaren Struktur der Geschehnisse im Raum ein mathematisch-konstruktiver Weg zur «Verräumlichung» ihrer zeitlichen Dimension, doch das Bestehen von Ereignissen im Raumzeit-Kontinuum erklärt nicht, dass sie *geschehen müssen*, um *erfahren* werden zu können. Anders gesagt: Der Fluss der Zeit lässt sich nicht als eine Art Sinnestäuschung analysieren, ähnlich jener, die darin besteht, dass wir die Sonne um die Erde kreisen sehen.

Aber die Zeit kann doch stillstehen! Könnte man auf einem Lichtstrahl reisen, so würde keine Zeit mehr vergehen. Allerdings ist die Vorstellung einer Zeitmessung am Lichtstrahl keine, die sich ohne Widerspruch entfalten lässt. Die Masse jeder Uhr, die auf die Geschwindigkeit des Lichts beschleunigt wird, wächst unendlich an. Das ist keine sinnvolle Vorstellung. Wir wissen nicht, wie wir uns den Begriff einer Masse denken sollen, die unendlich groß ist.

Es wird gesagt, dass für den Reisenden, der sich relativ zu uns sehr rasch bewegt, dennoch alles so bleibt, wie es ist: Nicht nur seine Uhr geht langsamer, es verlangsamen sich auch seine physiologischen Prozesse. Eine Sekunde ist für ihn eine Sekunde, selbst wenn sie, verglichen mit unseren Uhren, viele Sekunden lang dauern sollte. Mit der Erreichung der Lichtgeschwindigkeit beginnt sich dieses Szenario grundlegend zu verändern. Es gibt keine Uhren mehr, keine Sinnesorgane, keine Informationen. Da ist niemand mehr, für den eine Sekunde eine Sekunde dauern könnte, auch wenn sie für uns überhaupt nicht vergeht.

Eine Welt, in der die Zeit nicht vergeht – oder anders gesagt: in der man überall zugleich ist –, ist mit der Tatsache eines endlichen Bewusstseins nicht vereinbar. Bewusstsein ist notwendig Bewusstsein-in-der-Zeit. Was aber heißt es dann, wenn uns die Relativitätstheorie lehrt, dass am Lichtstrahl die Zeit stillsteht? Was immer das heißt, es lässt sich durch kein Modell ausdrücken, in dem unsere Erfahrung von Zeit eine Rolle spielt. Die Welt am Lichtstrahl, wo die Zeit stillsteht[62], ist die Welt, in der es uns, als Subjekte, nicht geben kann.

Aber ist eine solche Welt noch real oder nur ein mathematisches Konstrukt? Gilt für sie der Antirealismus, den Stephen Hawking für seine Position reklamiert, wenn er sagt, es ginge in der wissenschaftlichen Theorie der Welt nicht um die Frage des Realseins, sondern darum, welche Beschreibung die nützlichste sei?[63] «Nach der Auffassung jedoch, die ich [...] erläutert habe, ist eine wissenschaftliche Theorie nicht mehr als ein mathematisches Modell, das wir entwerfen, um unsere Beobachtungen zu beschreiben: Es existiert nur in unserem Kopf.»[64] Wir müssen Hawking nicht wörtlich nehmen, um den Ernst der Frage nach der Wirklichkeit einer Welt, in der die Zeit stillsteht, zu verstehen. Ist die Zeit nicht ihrer Natur nach etwas, das vergeht? Hat also die Zeit, wenn sie stillsteht, aufgehört zu existieren?

Mit dem Bild der Zeit, die stillsteht, wird die Vorstellung genährt, dass die Welt der Anschauung gleichsam stehen bleibt – vergleichbar dem Fluss, der einfriert. Die Welt ist *da,* aber reglos, ohne Veränderung, ein Grenzzustand der Erfahrung, den die Mystiker als *Nunc stans* bezeichnen – als «stehenden Augenblick». Mit dem Bild der Zeit hingegen, die aufhört zu existieren, *verschwindet* die Welt. Ein Raum ohne Zeit ist ein konstruktiver Grenzbegriff, ein Kopf-Werkzeug, das zur Berechnung unanschaulicher Mikrogegebenheiten dient.

Es mag sein, dass bei winzigen Intervallen die Effekte der Quantenunbestimmtheit dazu führen, dass Raum und Zeit rechnerisch verschmelzen.[65] Die Zeit, so könnte man sagen, tendiert dann dazu, räumlich zu werden. Doch das ist bloß ein paradoxes Bild für etwas, das zwar eine mathematische Struktur hat, aber einer realistischen Ausdeutung nicht mehr zugänglich scheint. Was soll es heißen, dass sich die Zeit in den Raum auflöst? Hier stehen noch Worte, die wir kennen, freilich Worte, die beginnen, ihre angestammten Rollen zu tauschen: Die Zeit wird definierbar durch Eigenschaften des Raumes. Das hat notwendigerweise einen Bedeutungskollaps zur Folge, solange wir uns als Realisten verhalten, die ihre Begriffe durch den Rückbezug auf Erfahrungen fixieren. Es ist, als ob die Wörter, eingesponnen in das Netz des mathematischen Formalismus, über einer Leere weiterliefen, die als die

«objektive Welt» nun der erfahrbaren Realität sphinxisch gegenübersteht. Die Physik wird legasthenisch; sie gerät zusehends in die
Situation, ihre Zeichen nicht mehr lesen zu können.

Nunc stans, die stillstehende Zeit: Das ist das Bild der Ewigkeit,
von dem wir zehren. Doch es handelt sich dabei eben nur um ein
Bild, und bei genauerer Betrachtung zerfällt es. Denn die Vorstellung einer Welt, in der alle Bewegung zum Erliegen gekommen
wäre, ist zugleich der Albtraum einer Welt, in der es kein Licht gäbe
und keinen Herzschlag. Es ist der Albtraum einer Welt ohne
Augen.

Auch das Bewusstsein existiert nur solange, wie die Zeit fließt.
In den seltenen Momenten, in denen sich die Dinge in vollständi-
ger Ruhe präsentieren, ist das schauende und im Schauen versun-
kene Subjekt doch zugleich ein physiologischer Kosmos, der von
Bewegung durchdrungen und belebt wird. Das Herz pumpt, das
Blut fließt, die Nervenzellen feuern, während Photonen die
Netzhaut bombardieren. Würde der Körper in seinem Innersten,
seiner Mikrostruktur erstarren, dann gäbe es kein Subjekt mehr,
das irgendetwas zu schauen oder zu wissen vermöchte.

Wenn wir uns Gott außerhalb von Raum und Zeit denken, so können wir damit nicht meinen, er sei seinem Wesen nach ohne
Bewegung. Wenn wir Gott als «transzendent» denken, dann nur so,
wie wir von uns selbst sagen, dass wir durch den Wandel unserer
Eigenschaften hindurch *dieselben* bleiben: «Ich bin, der ich bin»,
vom Anfang bis zum Ende. Freilich, Gott sind seine Eigenschaften
nicht äußerlich; er verhält sich zu ihnen, wie das reflektierende
Subjekt zu sich selbst. Er ist, als das Subjekt, das transzendent ist,
zugleich sein eigenes Objekt – die Welt.

Gott ist das *Subjekt*, das die Welt *ist*.

Im Übrigen bedarf es keiner besonderen Scharfsicht, um zu
diagnostizieren, dass *das* eine metaphysische Analogie ist und als
solche nicht frei von einer Art Widersprüchlichkeit. Aber darin spiegelt sich, entsprechend dem Prinzip der Komplementarität, mehr

als bloß ein Denkfehler. Es spiegelt sich darin die Endlichkeit unseres Geistes, der nicht anders *kann*, als den Gedanken des Absoluten zu fassen, doch ohne jemals in der Lage zu sein, ihn paradoxienfrei zu denken.

2. Vergegenwärtigung

Die Zeit ist wie der Kamm der Bugwelle eines Schiffs, der nichts hinter sich hat, kein Schiff, keine Welle, kein Meer. Es gibt keine Entstehung aus dem Nichts. Wie aber kann dann überhaupt etwas entstehen? So, wie aus der Vergangenheit etwas entsteht. Und das ist dann eben keine Entstehung aus dem Nichts, sondern aus dem Nichtseienden.

Die Gegenwart ist immer nur ein Punkt, eine ausdehnungslose Grenze zwischen der Vergangenheit und der Zukunft. In *dieser* Ausdehnungslosigkeit jedoch gründet das Prinzip allen Seins. Was also ist das Sein? Sagen wir, in erster Annäherung, es ist eine Grenze, nämlich die Grenze zwischen dem, was war (und nicht ist), und dem, was sein wird (und nicht ist). Punkt, Grenze, das sind Metaphern. Entscheidend ist die Idee der Ausdehnungslosigkeit. Denn man kann nicht fragen, wie lange die Gegenwart *dauert*.

Fragen wir, wie die Zeit entsteht, so müssen wir jedenfalls antworten: Nicht aus der Gegenwart, die ja als ausdehnungslos gedacht werden muss. Zeit und Bewegung sind innerlich miteinander verbunden. Jede Bewegung ist ein Überschreiten der Grenze, die durch die ausdehnungslose Gegenwart markiert wird: ein Übertritt von der Vergangenheit in die Zukunft. Wie klein wir die Bewegung des Übertritts auch denken, selbst im Infinitesimalen ist sie nicht gleich null, sondern immer noch eine Bewegung – weg von dem, was nicht ist (Vergangenheit), hin zu dem, was nicht ist (Zukunft).

Wie kann es dann aber überhaupt etwas geben? Die Antwort gerät hier, auf der Ebene fundamentaler ontologischer Bestimmungsstücke, notwendig zirkulär: Es gibt etwas, weil es die Bewegung des Nichtseienden, die Bewegung des Übertritts aus der Vergangenheit in die Zukunft gibt. Ein guter Name für diese Bewegung ist «Vergegenwärtigung». Die Gegenwart ist kein Zustand, nicht einmal in ihrem Innersten, sie ist eine kontinuierliche, infinitesimale Bewegung. Sie ist Vergegenwärtigung und als solche niemals «da». Sie ist «fort von» und «hin zu». Die Gegenwart *ist* das Überschreiten dessen, was nicht mehr ist, zu dem hin, was noch nicht ist, ohne dass sie das eine oder das andere wäre. Sein und Gegenwart fallen zusammen, und beide sind reine Dynamik.

Parmenides dachte den Punkt, die Grenze nicht als dynamisch – nicht als Vergegenwärtigung, sondern als reglose Präsenz. Hätte Parmenides Recht, so gäbe es überhaupt nichts. Wenn wir hier auf eine antike Perspektive zurückgreifen wollen, dann auf die des Heraklit: Alles fließt.

Wir neigen dazu, das Sein als fundamental zu denken. Doch das führt in eine Sackgasse. Wir sollten stattdessen das Sein als abgeleitet denken. Es ist Vergegenwärtigung des Nichtseienden. Das Nichtsein ist fundamental. Statt also zu sagen *ex nihilo nihil fit,* könnten wir auch sagen: Aus nichts entsteht alles – *ex nihilo omnia fit.*

Aber das hieße dann nicht, dass alles, was ist, bloß eine Folge des Zufalls wäre. Es hieße nicht, dass es ein x gibt, das weder eine Ursache noch einen Urheber hätte. Es hieße vielmehr, dass jedes x, das existiert, auf einer kontinuierlichen Folge von Vergegenwärtigungen beruht, deren einige wir «Ursache(n) von x» nennen.

Im Ursprung aller solcher Folgen steht freilich ein *primum movens,* ein Subjekt, sei es nun eine menschliche Person, die x hervorbringt, oder Gott, der die Welt erschafft. Der Zufall hingegen lässt sich weder verursachen noch erschaffen.

Das Nichtseiende ist nicht das Nichts. Das Nichts hat keine Charakteristik, keinen Begriff. Es ist nicht einfach die Summe all dessen, was nicht ist. Mit dem Nichts meinen wir immer den paradoxen Zustand, der «eintritt», sobald man sich vorstellt, dass nichts mehr oder noch nichts existiert. Das Nichts ist, sozusagen, die Welt ohne Welt, oder anders ausgedrückt: die *leere* Gegenwart, die Grenze ohne Übertritt von etwas aus der Vergangenheit in die Zukunft, die Gegenwart ohne Vergegenwärtigung. So eine Grenze ist natürlich nur als paradoxes Gedankenspiel fasslich, wie der Kamm einer Welle, die nicht existiert. Dagegen hat das Nicht-seiende stets und notwendig eine Charakteristik, denn es ist *etwas,* von dem gesagt wird, dass es nicht existiert. Um nicht existieren zu können, muss man zumindest *eine* Eigenschaft haben.

Das Vergangene ist hinsichtlich seiner Eigenschaften vollkommen bestimmt. Ob auch die Zukunft derart bestimmt ist, hängt davon ab, ob es einen freien Willen gibt.

Dass es einen freien Willen gibt, wird *ernsthaft* niemand bestreiten, der zugibt, dass Sätze der Art «Ich hätte auch anders handeln können» bisweilen wahr sind. Daraus folgt, dass im Gegensatz zur Vergangenheit die Zukunft nicht vollständig bestimmt ist. Und deshalb gilt, dass nur die kausal determinierte, kraft der Geltung von Naturgesetzen eindeutig bestimmte Zukunft mit Hilfe des Modells der Vergegenwärtigung fassbar wird.

Anders verhält es sich mit jener Art von Zukunft, die ein Subjekt im Wege seiner freien Willensbestimmung herbeiführt. Hier kommt etwas grundsätzlich Neues ins Spiel: die Schaffung von Gegenwart, die nicht in Prozessen der Vergegenwärtigung, sondern in Akten der Herbeiführung gründet.

Zu existieren heißt, vergegenwärtigt oder herbeigeführt zu werden. Doch wie ist Vergegenwärtigung möglich? Wie ist es möglich, aus der Vergangenheit, dem Nicht-mehr-Seienden, kommend, die Schwelle zur Zukunft hin zu überschreiten, ohne bereits in der Zukunft, dem Noch-nicht-Seienden, angekommen zu sein? Die Lösung dieses Rätsels kann nur in der Existenz des Subjekts liegen. Indessen geht es hier nicht bloß um eine subjektive Lage oder Perspektive, die der Beobachter zu den an sich seienden Dingen einnimmt. Denn im Akt der Beobachtung wird das Nichtseiende seiend, und dass es überhaupt Nichtseiendes gibt, hängt daran, dass das Nichtseiende die Möglichkeit, von einem Subjekt registriert zu werden, einschließt. Diese Möglichkeit gehört zur «Existenz» des Nichtseienden.

Das wirft ein Licht auf die Vorstellung eines *frozen universe,* einer Welt, in der sich nichts bewegt. In einer solchen Welt könnte kein Beobachter vorkommen, denn Beobachtung hat Bewegung zur Voraussetzung. In einer solchen Welt gäbe es keine Gegenwart, daher ebenso wenig eine Vergangenheit wie eine Zukunft. Es hätte keinen Sinn, von einer solchen Welt zu sagen, dass sie existiert, und in einem tieferen Sinne wäre es auch bedeutungslos, von ihr zu sagen, dass sie nicht existiert. Denn in ihr könnte kein Nichtseiendes vorkommen, das die Möglichkeit eines Beobachters einschließt.

Das *frozen universe* ist ein Widerspruch in sich selbst. Wir bemerken das zunächst nicht, weil in dem Bild, das wir uns von ihm machen, wir uns selbst gedanklich außerhalb platzieren und so tun, als ob wir die vollkommene Starre beobachten könnten. Das richtige Bild indessen zeigt *uns* als Teil des Universums und seiner Starre, d. h. es zeigt, dass wir darin keinen Platz haben. Und eben dieser Umstand ist es, der das *frozen universe* als eine unmögliche, notwendig irreale Welt erscheinen lässt.

Nicht, dass ein menschlicher Beobachter existieren müsste; die Welt hat existiert, lange bevor die ersten Menschen die Bühne des Lebens betraten. Freilich, damit die Welt existieren kann, müssen die Dinge *die Möglichkeit* einschließen, von einem endlichen Subjekt registriert zu werden. Und man versteht nun aber gar nicht, was das heißen könnte, es sei denn, man denkt sich zur Welt ein nicht-endliches Bewusstsein hinzu, das diese Möglichkeit *eröffnet.* Die Dinge sind in Gott, oder sie sind gar nicht.

Damit wir etwas vergegenwärtigen können, muss es immer schon vergegenwärtigt sein. Gott weiß, wie es ist, die Welt zu sein. Was wir das Nichtseiende, weil in der Zeit Zurückliegende nennen, das ist dem Außerzeitlichen gleichermaßen «gegenwärtig», präsent. In Gott gibt es eine Differenz zwischen dem Geist, der vergegenwärtigt, und dem, was vergegenwärtigt wird, nur in *dem* Sinne, dass es ein Subjekt geben *muss*, das auf ein Objekt bezogen ist, wenn so etwas wie Wissen überhaupt möglich sein soll. Aber diese Differenz konstituiert nicht, wie der menschliche Geist, eine ontologische Schwelle, d. h. die Gegenwart als eine ausdehnungslose Grenze zwischen den beiden Bereichen des Nichtseienden. In Gottes Geist ist alles präsent, und zwar so, dass Gott weiß, wie es ist, nicht mehr, noch nicht und im Übergang zu sein.

Der menschliche Geist partizipiert an der Präsenz des Außerzeitlichen, indem er das Nichtseiende vergegenwärtigt. Abstrahieren wir vom menschlichen Geist, dann können wir sagen, dass die Dinge in Gottes Geist präsent sind: Dort *sind* sie seiend, auch jene, die vom Standpunkt des Menschen aus schon längst der Vergangenheit angehören. Dass sie in Gott *sind,* heißt, dass sie die Möglichkeit einschließen, von einem endlichen Subjekt registriert zu werden, also den Teil einer kontinuierlichen Folge von Vergegenwärtigungen zu bilden. Diese Möglichkeit bedeutet nichts anderes, als Teil des Zeitlichen werden zu können.

Aber ist denn die Zeit nicht eine Funktion der relativen Bewegung im Raum, und ist die Bewegung nicht etwas streng Physikalisches und insofern Bewusstseinsunabhängiges? Nein, solange wir uns nicht zu einer atemporalen Auffassung der Zeit bekehren lassen und die Zeit «verräumlichen». Denn zu jeder Bewegung gehört eine Gegenwart, und diese impliziert den Standpunkt eines Beobachters, eines Subjekts, das «jetzt» sagt, *weil* es einen Ausschnitt der Welt *vergegenwärtigt.* Man kann sich eine natürliche Uhr im Weltraum vorstellen, die phantastischer Weise irgendwann einmal «jetzt» sagt. Aber wann ist dieses Jetzt? Darauf könnte die Uhr nur antworten, wenn sie ein Subjekt wäre, in einer Zeitwelt leben und die Dinge um sich herum vergegenwärtigen würde. Da jedoch natürliche Uhren, selbst wenn sie phantastischer Weise einmal «jetzt» sagen sollten, keine Subjekte sind, haben sie auch keine Gegenwart.

Auf dem Wege des Selbstbewusstseins vergegenwärtigt das Subjekt sich selbst. Das hat zur Folge, dass ich von mir selbst nicht sagen kann, ich sei meine eigene Vergangenheit oder Zukunft. Ich bin ich, und das heißt, meine Gegenwart endet nicht, solange ich meiner selbst bewusst bin. Als Subjekt habe ich teil am Außerzeitlichen.

Wer sagt, dass Gott kein Objekt der Spekulation, sondern der Anbetung zu sein hat[66], der übersieht, dass mit Gott *alles* zusammenhängt. Man kann über Sein und Zeit nicht nachdenken und dabei Gott aus dem Spiel lassen. Wenn man es tut, tappt man in die Falle des Naturalismus. Der Naturmechanismus erscheint dann als ein Absolutes, das unter allen möglichen Zeitvorstellungen nur jene eine als «real» gelten lässt, welche die Zeit entzeitlicht, also im Grunde *irrealisiert*.

Es ist die Ausschaltung des Bewusstseins aus dem Fundament der Welt, die zu solchen Monstrositäten führt. Statt von Gott als etwas Unbegreifbarem zu reden, über das wir uns im menschlichen Denken nur auf dem Wege von Analogien verständigen können, reden wir über lauter weltimmanente und bewusstseinsunabhängige Dinge *und wissen doch nicht mehr, was das ist, wovon wir reden.* Die Dinge der Welt können an sich nur existieren, wenn sie eine Gegenwart durchlaufen, aber eine Gegenwart im *rein* physikalischen Sinne – eine Gegenwart, welche die Möglichkeit der Vergegenwärtigung *nicht* einschließt – ist Nonsens. Die physikalische Welt an sich hat überhaupt keine Existenz, und zwar nicht deshalb, weil sie schon nicht mehr oder noch nicht existiert, sondern weil sie der Zeit schlechthin inkommensurabel ist.

Wir müssen also das Sein des (zur Zeit) Nichtseienden, des Vergangenen und Zukünftigen, vom Nichtsein des Nichtvergegenwärtigbaren unterscheiden. Letzteres ist der prekäre Status der physikalischen Welt, solange ihre Existenz nicht darin ruht, dass sie einem Bewusstsein präsent ist – einem Bewusstsein, welches erst die Möglichkeit eröffnet, die Dinge der physikalischen Welt zu vergegenwärtigen. Entweder die physikalische Welt verharrt im Nichtsein, oder sie ist in Gott.

1. Gott unter unserer Schädeldecke

Gottesbeweise: Nachdem man sie alle studiert hat, hat man doch nur das Gefühl, der Vorhang sei dichter geworden. In den Fragen der Existenz und Seinsweise Gottes scheint sich das Gehirn letzten Endes nicht mit Gott, sondern mit sich selbst, mit seinen eigenen Grenzen zu beschäftigen. Theologische Postulate wie das der göttlichen Komplementarität bestätigen die Diagnose. Es wird etwas behauptet, was nicht zum Wesen Gottes gehören *kann*, für uns indessen vom Wesen Gottes nicht ablösbar ist. Es ist, als ob wir die Topologie einer Stadt aus den Mustern erschließen wollten, die sich an den Wänden unserer Gefängniszelle gebildet haben. Die Gottesbeweise verstärken die Evidenz unserer Gefangenschaft: dass es nämlich keinen Weg nach draußen gibt. Was wir in religiösen Dingen brauchen, ist eine Art Urvertrauen, eine «Geborgenheit im Schlechten»; doch die Vernunft kann uns nichts dergleichen bieten. Das heißt keineswegs, wie die Glaubensreaktionäre uns wissen lassen, dass die Vernunft ein Werkzeug des Bösen wäre. Aber es heißt, dass sie uns nicht dahin führen kann, wonach wir immerfort streben – nach draußen, weg von allen Bedingtheiten: hin zur Wirklichkeit, zur Wahrheit, zum Leben.

Das Bild, das uns die Vernunft vermittelt, sobald sich unser Denken um die Frage des wahren Lebens zu drehen beginnt, ist das des lebendigen Begrabenseins. Unser Gehirn entdeckt sich selbst als eine Höhle ohne Ausgang, eine Höhle, in der wir an der Kette unseres Nervensystems zappeln, ohne die platonische Möglichkeit, im Geist zu sein und sich über die Fesselung zu erheben. Der Geist im Gehirn ist das, was durch die Kette gekettet wird. Der neurophysiologische Befund (aus dem der Radikale Konstruktivismus eine ganze Metaphysik gemacht hat) ist niederschmetternd. Aber hier stimmt etwas nicht, und das *wissen* wir: Wir sind nicht begraben in unserem Gehirn, wir sind immer schon draußen, draußen in der Welt und bei den anderen. Wir haben eine gemeinsame Wirklichkeit, die wir immer schon voraussetzen *müssen,* sobald und solange wir unsere neurophysiologische Gefangenschaft erforschen. Unsere Vernunft steht vor diesem Faktum als einem Letzten.

Das bringt uns freilich noch nicht zu Gott. Die Welt, die uns gemeinsam ist, ist in ihrem Dasein rätselhaft. Doch das Rätsel selbst ist stets *zweideutig:* Ist es uns objektiv aufgegeben oder bloß ein Ausdruck der Unzulänglichkeit unseres Gehirns? Hat das Rätsel eine tiefere Bedeutung, oder sind wir bloß unfähig, eine komplexe Struktur zu analysieren, die ihrerseits auf gar nichts weiter verweist? Ist unsere Verlassenheit ein Zeichen für die Abwesenheit Gottes oder dafür, dass das Wort «Gott» ins Leere geht (und also nichts bezeichnet)? Die Gottesbeweise werden alle *von innen heraus* entwickelt, vom Ort der Zweideutigkeit aus, und geben daher auf diese Frage keine Antwort.

Ein christlicher Grundsatz lautet: *Non tamen omnis natura est Deus.* Und das bedeutet eben nicht bloß, dass die Natur mit Gott nicht identisch ist, weil Gott sich nicht in ihr erschöpft. Sondern es bedeutet, dass es Teile oder Aspekte der Natur gibt, in denen Gott überhaupt nicht anwesend ist.

Diese Position mag einleuchten, ja als zwingend erscheinen, wenn wir Gott als Schöpfer im gewöhnlichen Sinne des Wortes denken. In diesem Sinne sind Schöpfer und Geschöpf nicht identisch, vielmehr zweierlei. Aber Gott, so wie wir ihn denken *müssen,* ist kein Schöpfer im gewöhnlichen Sinne des Wortes: Er findet nicht etwas vor, aus dem er etwas Neues macht. Wenn aber im zeitlosen Anfang Schöpfer und Schöpfung eins sind, wenn Gott *nichts* außer sich hat, warum sollte er dann etwas von sich abspalten, sodass er in dem Abgespaltenen nicht mehr anwesend ist? Das ist ein vollkommen unverständlicher Gedanke, immer vorausgesetzt, Gott ist das absolute Subjekt und nicht ein mythischer Demiurg inmitten einer Welt, die er, mag sie auch wüst und leer sein, *nicht* ist, um dahinein etwas zu erschaffen.

Gott als das absolute Subjekt hat nichts außer sich, und das heißt, dass alle Schöpfung Selbsterschaffung ist. Freilich, wir können das nicht *von innen her* nachvollziehen. Wir sind Natur und stehen ihr doch *gegenüber*. Denn wir sind auch Subjekte, welche in der Natur nichts weiter zu erkennen vermögen als subjektlosen, von Naturgesetzen durchherrschten Stoff – zumindest solange, als wir die Poesie der Dinge und der Welt beiseite lassen.

«Ich bin, der ich bin» kann heißen: Ich bin Peter Strasser. Es kann aber auch heißen: Ich bin Alles. Alles, «die Welt», verhält sich zu Gott so, wie sich mein Name zu mir verhält. Gott kann sagen: «Ich bin, der ich bin: Alles.» Wenn wir uns fragen, was das bedeutet, dann sollten wir daran denken, dass auch wir *jemand* sind. Auf eine zwingende und unser Einsichtsvermögen doch übersteigende Weise *ist* die Welt ein Subjekt. Die Welt ist nicht einfach die Gesamtheit der Tatsachen, so wenig, wie ich die Gesamtheit meiner Merkmale bin. Nur wenn die Welt nichts weiter wäre als die Gesamtheit der Tatsachen, würde stimmen, was Simone Weil schreibt: «Die Welt ist Verlassensein. Indem Gott erschaffen hat, was etwas anderes ist als Er selbst, hat Er sie notwendigerweise verlassen.»[67]

Das folgt bei Weil aus dem Akt der Schöpfung. Doch die Schöpfung lässt sich so nicht denken. Auf die Frage, warum Gott die Welt erschaffen hat, lautet die richtige Antwort – *die* Antwort, die jedenfalls richtiger ist als ihr Gegenteil –: Gott hat die Welt nicht erschaffen, denn Gott ist die Welt. Aber auf die Frage, warum die Welt existiert, lautet die dennoch richtige Antwort: Weil Gott die Welt erschaffen hat. Gott ist das zeugende Subjekt der Welt, das nichts außer sich hat. Indem Gott die Welt erschafft, erschafft er sich selbst.

Simone Weil schreibt in den *Cahiers:*

«Lob für Gott und Mitleid für die Geschöpfe. Darin liegt kein Gegensatz, da Gott, indem er geschaffen hat, abgedankt hat. Man muss der schöpferischen Abdankung Gottes zustimmen und glücklich sein, dass man selbst ein Geschöpf ist, eine Zweitursache, die das Recht hat, in dieser Welt zu handeln.»

«Dieser Unglückliche liegt auf der Straße, halbtot vor Hunger. Gott hat Erbarmen mit ihm, kann ihm aber kein Brot schicken. Ich aber, der ich da bin, bin glücklicherweise nicht Gott; ich kann ihm ein Stück Brot geben. Das ist meine einzige Überlegenheit gegenüber Gott.»[68]

Alle Stellen in der Literatur, die von der Selbstbeschränkung Gottes sprechen, sind *sehr* unbefriedigend. Sie wirken auf eine provozierende, bisweilen unangenehme Weise «motiviert».

Damit Gott unbefleckt bleibt, muss er die Schöpfung verlassen. Denn die Schöpfung ist voller Übel. Hätte Gott die Schöpfung nicht verlassen, wäre alles, was ist, vollkommen und absolut gut, einschließlich aller Übel. Dann aber wäre es gotteslästerlich, mit dem Hungernden Mitleid zu haben, denn das hieße, das Übel als Übel anzuerkennen, noch dazu als ein Übel, das von demjenigen, der unter ihm leidet, womöglich gar nicht verschuldet wurde. Die Konsequenzen dieser Überlegung sind grotesk: Gott blickt voll Erbarmen auf den Hungernden, kann ihm aber nicht helfen. Falls nicht Simone Weil mit einem Stück Brot herbeieilt, muss der Hungernde unter Qualen sterben.

Immerhin: Der weilsche Gott hat Erbarmen, er ruht nicht mitleidlos in sich selbst als ein regloser Spiegel seiner eigenen Vollkommenheit. Doch dass Gott nicht helfen *kann,* verdirbt ihn, es sei denn, er selbst ist der Hungernde auch. Gott weiß, wie es ist, auf der Straße zu liegen und halbtot vor Hunger zu sein, er weiß, wie es ist, *dieser* Hungernde zu sein, dem Simone Weil ein Stück Brot geben wird – und er weiß aber auch, wie es ist, Simone Weil zu sein. Wie indessen könnte er das alles *wissen,* wenn er nicht auf eine Weise, die sich uns endlichen Wesen entzieht, das alles *wäre?*

Der leidende und mitleidende Gott, das ist eine Vorstellung, die sich uns zwanglos und dennoch gebieterisch nahe legt. Denn der mitleidlose Gott ist nicht vollkommen, er ist im Gegenteil beschränkt oder grausam. Vollkommen ist Gott nur, wenn sein Wesen erfüllt ist von dem, was wir Menschen als Liebe kennen. Aber ohne die Fähigkeit zu leiden, gibt es kein Mitleid; und ohne die Fähigkeit mitzuleiden, wäre es undenkbar, dass Gott seine Schöpfung, und mit ihr den Hungernden auf der Straße, liebt.

Man hat gesagt, dass Gott leide, widerspräche seiner Vollkommenheit. Es ist schwer zu sehen, warum dem so sein sollte. Nicht jede Art des Leidens ist derart beschaffen, dass wir sie mit der Idee der Vollkommenheit zusammendenken können. Doch gewisse Arten des Leidens erscheinen uns als notwendig dafür, dass ein Wesen makellos und rein ist. Der Liebende muss bereit sein, zu leiden, und er nimmt das Leiden auf sich, um dem geliebten anderen beizustehen, ja selbst aus hilflosem Schmerz darüber, dass der andere nicht glücklich zu werden vermag. Tugendhaftigkeit in der Welt bedeutet auch Schmerz.

Wenn Gott die Welt nicht verlassen hat, dann leidet er. Würde er nicht leiden, wäre er kein Gott der Liebe. Da er aber, sofern er Gott ist und nicht ein Popanz, notwendig der Gott der Liebe ist, leidet er: Er hat die Welt nicht verlassen.

Und das Böse? Einerseits ist wahr: Da Gott nichts außer sich haben kann, ist Gott auch alles Böse. Andererseits – man muss es wiederholen – können *wir* Gott im Bösen nicht erkennen. Am Bösen entzieht sich uns das, was es möglich macht, dass Gott an ihm teilhat.

In der Gestalt des Arztes, der die Tötung von geistig behinderten Kindern mit einem «Heil Hitler!» anordnet, ist das Göttliche verfinstert. Wenn Gott auch *alles* ist, so ist er *das* doch *nicht*. Jedenfalls ist dies die einzig mögliche Perspektive, die wir zu den Gestalten des Bösen einnehmen können. Es sind jene lichtlosen Gestalten, die uns allzu leicht glauben machen, Gott habe die Welt verlassen.

Wenn Gott die Schöpfung verlassen hätte, dann wäre die ganze Schöpfung böse. Dass sie es ist, ist die Lehre der christlichen Gnosis. Es handelt sich dabei um das Symptom einer kosmologischen Paranoia. (Man darf allerdings nicht vergessen, dass die Christen des Anfangs die rasche Wiederkehr des Messias erwarteten.)

Wenn wir also sagen, dass Gott auch das Böse *ist,* dann meinen wir damit, dass es eine Perspektive der Erlösung gibt. Wir können diese Perspektive in der Welt nicht einnehmen, nur Spuren künden hierorts von ihrem Horizont. Es gibt das Erbarmen; und es gibt die Kunst, die auf die bösen Dinge das Licht der Schönheit (der Gnade) fallen lässt. Aber die Spuren entlassen uns nicht aus der Welt, und hier ist der Ort des Bösen zugleich der Ort, an dem Gott *für uns* nicht mehr anwesend ist.

«Liebe herrscht weder, noch ist sie unbewegt; auch ist sie ein wenig nachlässig gegenüber der Moral.»

Alfred North Whiteheads schöne Bemerkung akzentuiert die Eigenart des Theismus im galiläischen Christentum, verglichen mit den Gottesvorstellungen der außerchristlichen Antike: Gott als unbewegter Beweger, als Herrschsüchtiger, als unbeugsames moralisches Prinzip.[69]

Zur Vollkommenheit der Liebe gehört es eben, im anderen zuerst das Wesen zu sehen, das man liebt – und man liebt im anderen das, was ihn *einmalig* macht, und nicht das, wodurch er teilhat an der Allgemeinheit des Moralischen. Daraus folgt, dass es in der Liebesbeziehung erst in zweiter Linie um Gerechtigkeit geht. Der vollkommen Gerechte ist zur Liebe nicht fähig, sowenig wie es die Rolle des Richters erlaubt, im Angeklagten den «Nächsten» zu sehen. Nächstenliebe ist keine Tugend der Justitia.

In den Anfängen des Christentums, bei Jesus von Nazaret, erscheint demgegenüber etwas sehr Zartes, aus dem unbewegten Beweger und Weltenherrscher wird ein Kind. Gott offenbart sich noch einmal, und jetzt als ein leidender und mitleidender Mensch.

Das ist keine imperiale Geschichte mehr, keine Geschichte der Griechen und Römer, keine Episode des Cäsarismus und der blutigen Theogonie. Es ist die Geschichte der Juden, die aber nun, bei Jesus, zu einer Geschichte der Menschheit wird. Die Beschneidung des Herzens führt weg vom Samen, der Abstammung, dem Volk, hin zur Gemeinschaft derer, die «im Geist» sind, d. h. einander lieben durch Gott.

Die Kirchenlehrer reden oft von der Liebe Gottes, doch nur wenigen ist es gelungen, die Liebe Gottes so darzustellen, dass sie alle jene Momente der Innigkeit und des Mitgefühls inkorporiert, die für die wahrhaft Liebenden unverzichtbar sind. Dass Gott auch leidet, *weil* er liebt, scheint vielen ein Sakrileg zu sein. Denn das Leiden wird als Strafe verstanden, als Folge der Austreibung aus dem Paradies, und Gottes Gerechtigkeit scheint die ewige Verdammnis der Bösen und Ungläubigen zu erfordern. Das alles macht im Christentum die Rede von der Liebe Gottes zu einer unglückseligen Tour de force. Wie soll man sich die Liebe eines Gottes vorstellen, der um der Gerechtigkeit willen nicht anders *kann,* als die Menschen leiden zu machen, leiden nicht nur im Leben, sondern im Falle jener vielen, die nicht gerettet werden, für alle Ewigkeit auch im Jenseits? Die Wahrheit ist, dass so ein Gott die Menschen nicht liebt.

Das haben die Kirchenlehrer stets gespürt. Sie haben Gottes hohe unerschütterliche Gerechtigkeit erfunden, um Gottes Lieblosigkeit – und sagen wir es deutlich: Gottes Grausamkeit seinen Geschöpfen gegenüber – zu rationalisieren. Dadurch freilich wurde beides desavouiert: die Liebe *und* die Gerechtigkeit. So mussten auch die Gnadenlehren den Gläubigen in der Tiefe hässlich berühren. Was waren sie anderes als spärliche Bemäntelungen der Angst, Gottes Wesen könnte sich in göttlicher Willkür erschöpfen?

2. «Opfer, das die ganze Nacht über brennt»

Gott ist das Absolute. Wie aber lässt sich das Absolute denken? Das Absolute ist das Unbedingte. Ordnen wir dem Unbedingten eine Eigenschaft zu, so fragt sich, unter welcher Bedingung sie verloren ginge.

Angenommen, die Eigenschaft bedeutet «gerecht». Sagen wir, Gott sei seinem Wesen nach gerecht, so sagen wir damit auch, dass Gott von jenen Bedingungen abhängt, die erfüllt sein müssen, damit Gott gerecht ist. Das ist das bekannte Spiel. Es bleibt eine einzige Eigenschaft, die nicht in der genannten Weise von Bedingungen abhängt. Das ist die pure Existenz. Es gehört zum Wesen Gottes, so zu existieren, dass die Existenz Gottes an keine Bedingungen geknüpft ist. Aber was soll der Begriff der Existenz bedeuten, wenn damit *nicht* gemeint ist, dass zumindest *eine* Eigenschaft existiert, die Gott zukommt?

Wer religiös denkt, wird dieser Frage begegnen wollen, indem er behauptet, dass Gott gerecht ist, *was immer er tut*. Gott ist die Gerechtigkeit, so wie er die Liebe ist. Der skeptische Einwand liegt auf der Hand: Dann bedeutet es eben nichts mehr, von Gerechtigkeit oder Liebe zu reden.

Sollte man den skeptischen Einwand akzeptieren? Nein, sagt der religiös Denkende, denn Gott ist die *Quelle aller Bedeutungen*. Der Skeptiker hingegen ist immer auch Nominalist: Ihm zufolge legen *wir* die Bedeutungen fest. Der religiös Denkende steht dem Bedeutungsrealismus näher. Er fragt: Woher wissen wir, was die Gerechtigkeit und die Liebe *ist*?

Durch alle kulturellen Schleier hindurch glauben wir zu erkennen, dass es eine wahre Form der Gerechtigkeit gibt und eine wahre Form der Liebe. Wir streben diese Form an, aber wir können sie nur bruchstückhaft und verzerrt erkennen. Denn alle menschliche Gerechtigkeit, wie auch alle Liebe unter den Menschen, hängt an Bedingungen, die zufällig sind. Von der Existenz Gottes zu reden, bedeutet demgegenüber, von einer Gerechtigkeit und einer Liebe zu reden, die nicht an solchen Bedingungen hängt. Nichts im Wesen Gottes ist zufällig.

Schön, wird der Skeptiker sagen, dann hängt die Existenz Gottes, falls sie überhaupt etwas bedeutet, eben an Bedingungen, die nicht zufällig, sondern notwendig sind. Dem wird der religiös Denkende zustimmen. Denn «notwendig» bedeutet doch nichts anderes, als dass alles, was an Eigenschaften Gottes infrage kommt, aus der Existenz Gottes folgt und aus sonst nichts. In jedem Fall ist also Gottes Existenz das Letzte, worauf alles zurückgeführt werden muss.

Man kommt hier nicht weiter. Aber das heißt nicht, dass man den Schritt bis hierher *nicht* tun müsste. Wir haben eine Idee Gottes, dagegen ist der Skeptiker machtlos. Diese Idee besagt, dass alles, was Gott tut, vollkommen ist. Es ist also sinnlos anzunehmen, dass Gott deshalb nichts Ungerechtes tut, weil er an irgendwelche Bedingungen gebunden wäre. Dass Gott etwas tut, heißt nämlich, dass es gerecht und liebevoll ist, denn das Vollkommene geht aus Gottes Existenz hervor, die zugleich die Quelle aller Bedeutungen ist.

«Holocaust: ‹Opfer, das die ganze Nacht über brennt›.» Die Stelle findet sich bei Simone Weil, im Heft 14, Oktober 1942.[70] Das Zitat stammt aus dem 3. Buch Mose (= Levitikus) 6,2.

In Auschwitz brannte auch Gott. Können wir diesem Gedanken einen Sinn geben? Wir wissen, dass theologisch alles davon abhängt, ob wir ihm einen Sinn geben können. Aber wie immer auch dieser zu suchende Sinn sich in Worte kleiden lassen mag – oder nicht mag –, es kann sich dabei nicht um ein Stück Ethik handeln. Vielmehr wird von hier aus alle Ethik erst möglich.

Gott ist das Opfer, dass die ganze Nacht brennt. Aber Gott ist immer auch die andere Seite. Seine Kategorien schließen die unseren ein, ohne durch sie erschöpft zu werden. In der Tiefe des Absoluten ist auch der Teufel nur ein Schatten. *Wir* indessen können Gott nur im Opfer erkennen; die Täter des Holocaust hingegen stehen für uns auf der anderen Seite, dort, wo der Teufel triumphiert.

3. Der Fall Hans Jonas

Wir denken über das Wesen Gottes nach und dürfen doch nicht hoffen, es zu erfassen. Warum also? Einerseits, weil wir Gott nahe sein wollen, andererseits, weil wir etwas über unsere eigene Lage in Erfahrung zu bringen hoffen. Diese Lage ist vor allem dadurch definiert, dass wir nicht wissen, was es heißt, gut zu sein.

Gott ist das Sein, und das Sein ist gut. Es gibt also Wahrheiten, die wir weder bezweifeln noch verstehen können. Es gehört zum Begriff Gottes, dass Gott vollkommen ist, weil er das höchste, unbedingte, absolute Sein ist. Doch wenn wir versuchen, das vollkommen Gute zu denken, das Gott *ist*, gehen wir in die Irre: Wir verrennen uns in alle möglichen Widersprüche. Soweit wir aber zu wissen glauben, was das Gutsein Gottes erfordert, können wir es nicht in Übereinstimmung bringen mit dem, was ist: mit der Existenz der Übel.

Und so ist Gott auf uns angewiesen: Es liegt an uns, seine Schöpfung zu retten oder zu verderben. Wir sind es, die Gott helfen müssen. So sagt es Etty Hillesum, die Jüdin, die sich 1942 freiwillig ins Lager Westerbork meldet und 1943 in Auschwitz vergast wird:

«Ich will dir helfen, Gott, dass du mich nicht verlässt, aber ich kann mich von vornherein für nichts verbürgen. Nur dies eine wird mir immer deutlicher: dass du uns nicht helfen kannst, sondern dass wir dir helfen müssen, und dadurch helfen wir uns letzten Endes selbst. Es ist das einzige, auf das es ankommt: ein Stück von dir in uns selbst zu retten, Gott ...»

Hans Jonas hat das Zeugnis von Etty Hillesum nachdrücklich gewürdigt, weil darin ein Gedanke zum Ausdruck kommt, der für das theologische Denken von Jonas selbst zentral ist:

«Zu der wohl nach jeder Glaubenslehre ketzerischen Ansicht, dass nicht Gott uns helfen kann, sondern wir ihm helfen müssen, wurde ich durch das Auschwitz-Ereignis gedrängt – vom sicheren Port des Nicht-Dabeigewesenseins, von dem sich leicht spekulieren lässt.»[71]

Ausgeführt hat Jonas diese Ansicht in seinem Vortrag *Der Gottesbegriff nach Auschwitz*, mit dem Untertitel *Eine jüdische Stimme*, im Jahre 1984. Die Gründe, die er anführt, sind hauptsächlich die folgenden:

Erstens, wir sollten Abstand davon nehmen, Gott als allmächtig zu denken, weil wir über keinen widerspruchsfreien Begriff der Allmacht verfügen: «Absolute, totale Macht bedeutet Macht, die durch nichts begrenzt ist, nicht einmal durch die Existenz von etwas anderm überhaupt, etwas außer ihr selbst und von ihr Verschiedenem. [...] Absolute Macht hat dann in ihrer Einsamkeit keinen Gegenstand, auf den sie wirken könnte. Als gegenstandslose Macht aber ist sie machtlose Macht, die sich selbst aufhebt. ‹All› ist hier gleich ‹Null›.»[72]

Zweitens aber muss – jedenfalls nach jüdischer Auffassung – ein Gott, der nicht verstehbar ist, als unannehmbar zurückgewiesen werden. Wäre Gott allmächtig, dann gäbe es keinen Ansatzpunkt für eine Erklärung dafür, wieso er Auschwitz zuließ. Und nicht bloß Auschwitz, sondern auch die unzähligen anderen Schrecknisse dieser Welt: «Nur von einem gänzlich unverstehbaren Gott kann gesagt werden, dass er zugleich absolut gut und absolut allmächtig ist und doch die Welt duldet, wie sie ist.»[73] Da Gott zu Auschwitz schwieg, bleibt einzig die Folgerung, dass er nicht eingriff, weil er nicht eingreifen konnte.

Hans Jonas ist ein philosophischer Denker, der bei seinen religiösen Überlegungen dahin strebt, wo er die allgemeine Wahrheit vermutet. Es wäre daher nicht richtig, seine Gedanken zu Gott als spezifisch jüdisch einzustufen. Er selbst will nicht ausschließen, dass es religiöse Haltungen gibt, die sich mit einem *deus absconditus*, einem im Grunde unansprechbaren Gott, abfinden mögen. Die Geschichte der Negativen Theologie scheint eine solche Einschätzung zu bestätigen.

Aber doch nur auf den ersten Blick: Der radikal abwesende Gott, der theologisch auf Dauer gestellt wird, macht schließlich den Eindruck, als ob es ihn gar nicht gäbe – und gibt es ihn denn? Um diese Frage nicht akut werden zu lassen, muss Gott etwas bleiben, das sich dem menschlichen Denken nicht vollständig entzieht.

Jonas sagt, dass sich Gott dem menschlichen Denken vollständig entzöge, würden wir annehmen müssen, er sei allmächtig. Ein allmächtiger Gott wäre mit den Übeln der Welt nur dann vereinbar, wenn wir annehmen, er sei gerade *nicht* die Liebe. Ein Gott, der Auschwitz zugelassen hätte, obwohl er zugleich befähigt gewesen wäre, Auschwitz zu verhindern – ein solcher Gott wäre von einem Ungetüm aus der Apokalypse im Wesen nicht mehr zu unterscheiden. Daher, so Jonas (und so Simone Weil), kann Gott nicht allmächtig sein.

Der Fall Hans Jonas – und ich spreche von einem «Fall», weil es sich hier um ein extremes und im Rahmen der klassischen Theodizee undenkbares Manöver handelt – besteht also darin, Gott seiner Allmacht zu entledigen. Wohlgemerkt, es hat immer wieder Versuche gegeben, das Nichteingreifen Gottes in den Weltlauf verständlich zu machen. Es wurde argumentiert, dass Gott dem Menschen den freien Willen gegeben habe und dieses Zugeständnis nun aber impliziere, dass der Mensch fortan für seine Handlungen selbst verantwortlich sei. Mit der Aufklärung wird dann zusätzlich die Vorstellung dominant, dass Gott eine Art Uhrmacher sei, der, nachdem er die Weltmechanik einrichtete, nun mit dem gesetzmäßigen Lauf der Welt nichts mehr zu schaffen habe. Aber sowohl der freie Wille als auch die Weltmechanik können im Grunde nicht verständlich machen, warum Gott Auschwitz zulässt. Wenn und solange Gott allmächtig ist, hat er die Pflicht, den Betreibern des Holocaust in die Arme zu fallen und, wenn nötig, den Weltlauf zu stoppen. Es gibt keinen vorstellbar vernünftigen Grund, warum sich Gott hier zurückhalten sollte, *falls* er ein gütiger und liebevoller Gott ist.

Die Motivation des Religionsphilosophen, Gottes Allmacht im Angesicht von Auschwitz einzuschränken, ist wahrlich nicht schwer zu begreifen. Doch andererseits scheint eine Einschränkung der Allmacht Gottes inakzeptabel. Wenn Gott nicht allmächtig ist, dann ist er von etwas abhängig, was er nicht ist und nicht beeinflussen kann. *Was ist dieses Etwas?*

Entweder also, es gibt den *deus absconditus*, den abwesenden, verborgenen Gott, von dem wir nichts wissen können und dem selbst noch jene Macht, die wir als Schöpfer der Welt verehren, unterworfen ist: Dann stellen sich mit Bezug auf den verborgenen Gott all die quälenden Fragen wieder, die sich uns zunächst mit Bezug auf den Weltschöpfer stellten. Oder aber dieses verborgene Etwas ist etwas schlechthin Unauflösbares, eine anonyme abstrakte Macht, gänzlich ohne Personalität – etwa das «Schicksal» im Hintergrund von allem. Doch das Schicksal, das die Stelle Gottes einnimmt, stößt uns als eine *Ad-hoc-*Konstruktion ab. Es wird bloß ersonnen, um zu «erklären», warum Gott nicht allmächtig ist, und macht dabei das religionsphilosophische Denken irrational und überflüssig. Denn da wir vom Schicksal nichts wissen, wissen wir nicht, wie tief die Beschränkungen gehen, die es Gott auferlegt.

Nun führt Hans Jonas aber auch ein direktes Argument gegen die Idee der Allmacht Gottes: Allmacht vernichtet sich selbst. Unter der Voraussetzung der Allmacht darf es nichts geben, was ihr widersteht, kein Objekt ist zugelassen. Die Allmacht ist also, streng genommen, ein Rad, das nichts dreht, ein Hebel, der keinen Angriffspunkt hat, eine Kraft ohne die Möglichkeit, sich zu übertragen. Das bringt Jonas zu der Auffassung, dass vollkommene Allmacht so gut wie vollkommene Ohnmacht wäre. Deshalb sollte schon aus begrifflichen Überlegungen davon Abstand genommen werden, Gott als allmächtig zu denken. Doch an diesem Punkt können wir Jonas nicht wirklich zustimmen.

Zustimmen können wir ihm insofern, als der Begriff einer Allmacht, die auf der Vorstellung einer Macht ohne jede Art von Einschränkung beruht, keine sinnvolle Darstellung gestattet. Jede Art von Allmacht muss gewissen Einschränkungen unterliegen, darunter sicherlich jener, wonach selbst der Allmächtige nichts in sich Widersprüchliches tun kann. Angenommen, jemand wollte argumentieren, Gott kann nicht allmächtig sein, weil er keinen quadratischen Kreis zu erzeugen imstande ist. So jemandem würden wir entgegenhalten, dass hier von Gott in Wirklichkeit gar nicht verlangt wird, etwas zu tun, was er nicht tun kann, sondern etwas zugleich zu tun und nicht zu tun. Einen Kreis zu erzeugen, impliziert, kein Quadrat zu erzeugen, und umgekehrt.

Das vorliegende Problem reduziert sich also auf die Frage, ob es zur Allmacht gehört, dass man etwas zugleich tun und nicht tun kann. Die Antwort hierauf ist eindeutig: *Für uns Menschen* ergibt es keinen Sinn, das Ausführen einer in sich widerspruchsvollen Handlung in den Bereich der Allmacht hineinzuprojizieren. Ist *H* eine solche Handlung, so impliziert ihre «Ausführung», *H* nicht auszuführen. Das heißt aber, es kann nichts von der Art *H* jemals geben, weil *H* begrifflicher Nonsens ist und *nicht* die Bezeichnung für eine *immerhin denkbare* Handlung.

Hier stoßen wir freilich darauf, dass unser Nachdenken über die Allmacht Gottes ein menschliches Unternehmen ist. Es ist an die Strukturen unserer Vernunft und damit letzten Endes auch an die Funktionsprinzipien unseres endlichen Gehirns gebunden. Wir stoßen hier auf ein Grundproblem unseres Nachdenkens über Gott, das Thomas von Aquin ebenso beschäftigt hat wie Immanuel Kant. Die Eigenschaften, die wir Gott zuschreiben, sind nicht die Eigenschaften, die Gott *an sich* zukommen (denn Gott ist kein endliches Wesen). Es sind vielmehr die Eigenschaften, von denen wir im Rahmen unserer Vernunft annehmen, dass es die Eigenschaften Gottes sind, also Eigenschaften, die *für uns* zum Wesen Gottes gehören.

Wir machen uns ein Bild von Gott in der Annahme, dass unserem Bild *etwas Analoges* «in Gott» entspricht. Wir neigen, um die unendliche Größe Gottes zum Ausdruck zu bringen, dazu, zu sagen, in Gott gäbe es eine vollkommene *coincidentia oppositorum*, alle Widersprüche seien im Wesen Gottes versöhnt. Dementsprechend mögen wir dann auch behaupten, Gott sei in der Lage, das in sich Widersprüchliche zu vollbringen. Aber wenn wir so reden, dann dürfen wir dabei nicht vergessen, dass wir ein unverständliches Bild einsetzen, um zu signalisieren, dass alles, was mit Gott zu tun hat, unseren Verstand prinzipiell übersteigt. Dies einmal zugestanden, müssen wir uns bemühen, ein in sich stimmiges Konzept davon zu entwickeln, was es heißt, dass Gott allmächtig ist.

Eine notwendige Bedingung für ein derartiges Konzept wurde bereits genannt: Gott darf nicht zugemutet werden, selbstwidersprüchliche Handlungen zu setzen. Aber diese Bedingung ist noch bei weitem zu schwach. Richard Swinburne hat vorgeschlagen, das Wort «allmächtig» in folgendem Sinne zu definieren:

«Eine Person P ist allmächtig zu einer Zeit t dann und nur dann, wenn sie zu t fähig ist, die Existenz jedes beliebigen Sachverhalts x nach t herbeizuführen, wobei (a) die Beschreibung von x nicht logisch wahr oder falsch sein darf, und (b) die Beschreibung von x nicht einschließen darf, dass P sich zu t *nicht* daranmacht, x herbeizuführen, vorausgesetzt (c), P glaubt nicht, gute Gründe dafür zu haben, die Herbeiführung von x zu unterlassen.»[74]

Im Einzelnen heißt das:

(a) Selbst Gott kann keine Tatsachen hervorbringen, die logisch notwendig oder logisch unmöglich sind. Es steht in niemandes Macht, ein rundes Quadrat herzustellen, denn die Beschreibung eines solchen «Dings» impliziert einen Widerspruch; das runde Quadrat ist ein logisch unmögliches Objekt. Aber ebenso steht es in niemandes Macht, zu bewirken, dass morgen alle roten Dinge farbig sind. Denn für den Fall, dass es morgen rote Dinge gibt, liegt es in niemandes Macht, zu bewirken, dass sie farbig sind. Der Grund dafür ist einfach und zwingend: Das Merkmal «rot» schließt das Merkmal «farbig» *begrifflich* ein; es ist also logisch notwendig, dass alle roten Dinge zugleich auch farbig sind.

(b) Gott kann keine Dinge hervorbringen, deren Beschreibung einschließt, dass sie niemand hervorgebracht hat, also Dinge, die ohne Ursache geschehen. Anders gesagt: Gott kann nichts hervorbringen, was zufällig geschieht. Daraus folgt, nebenbei gesagt, dass nichts zufällig geschehen kann, weil sonst Dinge in der Welt existierten, die nicht zugleich «in Gott» wären.

(c) Es ist keine Beschneidung der Allmacht Gottes, wenn Gott stets nur das tut, wofür er gute Gründe hat, nicht aber auch jenes, das zu unterlassen er ebenfalls gute Gründe hat. Dass Gott nichts Unmoralisches tut, heißt nicht, dass er nicht die Macht hätte, Unmoralisches zu tun. Ebenso wenig lässt sich aus dem Umstand, dass Gott keinen Stein erschafft, den zu heben er außerstande ist, folgern, dass er keinen solchen Stein erschaffen könnte. Stattdessen ist davon auszugehen, dass Gott gute Gründe hat, keinen solchen Stein zu erschaffen, denn würde er ihn erschaffen, so würde er aus eigenem Willen aufhören, allmächtig zu sein.

Freilich konfrontiert uns das letzte Beispiel mit einer Problematik, die tiefer reicht, als es Swinburnes Definition von Allmacht zugesteht. In meiner Ausgabe des swinburneschen Buches hat ein Leser an den Rand die Frage geschrieben: «Kann Gott Selbstmord begehen?» Hier ist keine Antwort die beste Antwort, weil ein «Ja» genauso unsinnig zu sein scheint wie ein «Nein». Man könnte versuchen, die Frage des göttlichen Selbstmords auf einen Widerspruch zuzuspitzen, indem man behauptet, dass Gott alles ist, und die Selbstvernichtung Gottes daher notwendig zur Folge hätte, dass die Aussage «Es gibt nichts» wahr wird. Wenn es indessen nichts gibt, dann kann es logischerweise auch keine Aussage geben, also auch nicht die Aussage «Es gibt nichts». Wenn es aber logisch möglich wäre, dass es nichts gibt, dann müsste es auch logisch möglich sein, dass es die Aussage gibt, die behauptet, dass es nichts gibt. Doch man muss zugeben, dass ein derartiges Argument an seiner eigenen Spitzfindigkeit laboriert. Wir wissen nicht, ob wir ihm zustimmen oder es ablehnen sollen, und damit sind wir wieder bei unserer ursprünglichen Reaktion.

Ähnliches gilt für die Überlegung, ob Gott sich seiner eigenen Allmacht begeben könnte. Sagen wir «Nein», so bestreiten wir tatsächlich, dass Gott allmächtig ist (allmächtig zu sein, impliziert gewiss nicht logisch, sich seiner Allmacht *nicht* entledigen zu kön-

nen). Sagen wir aber «Ja», dann fassen wir eine Möglichkeit ins
Auge, die wir im Grunde nicht verstehen. Denn es gehört zum
Wesen Gottes, allmächtig zu sein. Nicht allmächtig zu sein, ist für
Gott – *d. h. für unser mögliches Verständnis dessen, was Gott ist* – eben-
so verheerend, weil nicht-intelligibel, wie die Vorstellung, Gott
könnte Selbstmord begehen.

Dann aber stehen wir vor der Frage, ob Gott nicht auch dadurch
aufhören würde, als Gott zu existieren, wenn er sich dazu ent-
schlösse, etwas Böses zu tun. Die Wahrheit scheint zu sein, dass für
diese Frage ebenso gilt wie für die vorhin gestellte: Wir können sie
sinnvoll weder mit «Ja» noch mit «Nein» beantworten. Denn es
gehört zum Wesen Gottes, nichts Böses zu tun, während es doch
zugleich eine Eigenschaft seines Wesens ist, über sein Handeln frei
zu verfügen.

Wir erhalten hier eine endgültige Lektion in Sachen Demut: Von
Gott an sich wissen wir nichts, während unsere Analogien, sein
Wesen und Wirken betreffend, nicht viel mehr sind als ein Tappen
im Dunkeln, entlang der Grenzen, die unser endlicher Verstand
uns unverrückbar setzt.

Das wirft auf den Fall Hans Jonas ein eigenartiges Licht. Warum
hat Gott, wenn er allmächtig ist, Auschwitz zugelassen? Hans Jonas
besteht darauf, dass es einen Sinn haben muss, Gott diese Frage
zu stellen. Gott ist ein personales Wesen, sagt Hans Jonas, und
einem personalen Wesen muss diese Frage gestellt werden dürfen.
Was wäre indessen, wenn Gott zur Antwort gäbe: «Tut mir leid,
aber was Auschwitz betrifft, da kann ich nichts machen, das geht
über mein Vermögen.» Mit einem solchen Gott ließe sich zwar
reden, doch er wäre indiskutabel.

Soweit unser Verstand reicht, stellt sich uns Gott angesichts von
Auschwitz *nicht* als ein personaler Gott dar. Angesichts des Bösen
bleibt er unansprechbar, und wir wissen nicht, warum das so ist. Da
Gott nichts außer sich hat, verstehen wir als die empfindsamen
Geschöpfe, die wir sind, ohne weiteres, was es heißt, Gott habe in

Auschwitz mit den Opfern mitgelitten. Doch andererseits verstehen wir nicht, was es heißen könnte, Gott wisse auch, wie es ist, ein KZ-Scherge zu sein. Dessen ungeachtet müssen wir als religiös Denkende davon ausgehen, dass Gott weiß, wie es ist, ein KZ-Scherge zu sein.

Aus all dem folgt – in Übereinstimmung mit dem Prinzip der Komplementarität –, dass wir Gott nicht einfach und ungebrochen als ein «Du» auffassen dürfen. Die jüdische Haltung des Dialogs, wie wir sie besonders ausgeprägt bei Martin Buber finden, rückt Gott dem Menschen zu nahe. Dadurch wird Gottes «Gleichgültigkeit» gegenüber den Leiden der Menschen unerträglich. Diese «Gleichgültigkeit» ist aber ein Faktum, das nicht aus der Welt zu schaffen ist, indem man es ignoriert oder «dialogisiert». Vielmehr muss von ihm als einem Grundzug in der Beziehung des Menschen zu Gott ausgegangen werden. Gott ist zugleich der Schöpfer und das Geschaffene, und dabei ist es von untergeordneter Bedeutung, ob man sagt, Gott sei in den Dingen oder die Dinge seien in Gott.

ABGRÜNDE UND KURZSCHLÜSSE

Religiöse Kultur heißt, dass nichts mehr wörtlich genommen wird. Deshalb ist die Frage, ob Maria wirklich eine Jungfrau war, kulturlos. Es gibt noch wesentlich schlimmere Fragen, z. B. die, ob die Juden wirklich die Mörder Christi sind. Derlei Fragen können sich stets auf irgendwelche «Informationen» berufen. Aber sie tun dies auf eine Weise, die den kulturellen Kontext ignoriert. Sie ignorieren das Gleichnishafte des Gehalts, der allen religiösen Erzählungen erst Tiefe und Wahrheit verleiht. Stattdessen setzen sie auf ein quasi unmittelbares, direktes Verstehen.

«Was geschrieben steht, das steht geschrieben.»

Zu große Direktheit im Umgang mit kulturellen Gehalten findet sich auf der Seite der religiösen Dogmatiker ebenso wie auf jener der Feinde alles Religiösen. Wir finden sie auf der Seite eines Carl Schmitt, wenn er die Juden in der Rolle der Todfeinde Jesu buchstäblich fixiert und, weil er sie buchstäblich als Gottesmörder behandelt, mit Ernst und Hass dämonisiert. Das ist das katholische Herz der Finsternis, der antiuniversalistische Exzess aus falsch verstandener und häufig auch gewollter Buchstabentreue. Gewollt deshalb, weil die Treue oft nichts weiter als Mittel zum Zweck ist: Sie dient bei Schmitt dazu, die Verteufelung der anderen zu betreiben, um sich selbst und seine Parteigänger zu entlasten und die Nachtseite der eigenen Seele nach außen wenden zu dürfen.

Zu große Direktheit finden wir aber auch bei Mystizisten wie Aufklärern, bei Emanuel Swedenborg gleichermaßen wie bei Immanuel Kant, wenn beide, aus ganz unterschiedlichen Perspektiven, doch so reden, als ob religiöse Sachverhalte schlichte «Fakten» wären. Der eine geht bei Gott aus und ein, als ob er sich auf offener Straße bewegte, unter dem gemeinsamen, fraglosen Schirm des gesunden Menschenverstandes. Der andere redet von religiösen Dingen, wie positivistische Psychiater über empirische Symptome von empirischen Gehirnkrankheiten reden.

Zu große Direktheit findet man schließlich dort, wo sich die Religionskritik zur Kritik der ganzen eigenen Kultur stilisiert. Ist Kultur nicht ewiger Aufschub? Und ist die Religion nicht die

Großmeisterin des ewigen Aufschiebens von allem, wofür zu leben sich lohnt? Das ist Nietzsches Frage. Sie missversteht die humanisierende und zugleich universalistische Funktion der religiösen Symbolik, weil ihr das Menschliche in der Forderung zu gipfeln scheint: Leben hier und jetzt! Erlösung hier und jetzt!

Der Weg in die Dummheit oder zur Hölle ist immer der kürzeste Weg, den die Kultur bereithält. Er führt nicht in die Kultur hinein, sondern durch sie hindurch. Im Gegensatz dazu ist es eine Grunderkenntnis des religiösen Universalismus, dass jede Kultur, indem sie Wahrheitsansprüche erhebt, danach strebt, universell zu werden im Medium des Einzigartigen, des historisch gewachsenen Mythos und seiner Lebensform. Derart ist es auch nicht falsch, zu sagen, dass selbst noch in sich verbohrte Religionen den Keim der Ökumene in sich tragen. Das immerhin ist eine Hoffnung.

Zugleich jedoch kann das Wahrheitsstreben der Religionen nicht anders verwirklicht werden als dadurch, dass das Symbol- und Gleichnishafte, das den vitalen Kern der religiösen Kultur bildet, ernst – und daher *nicht* wörtlich – genommen wird. Denn es sind die allgemeinen Bedeutungen und nicht die Fakten, wodurch allein sich der Wahrheitsanspruch der Religionen zu rechtfertigen vermag.

1. Der Aufklärer als Irrenarzt

Was zuviel ist, ist zuviel. So dachte wohl auch Kant, als er sich bloß widerwillig dazu hergab, seine Leserschaft mit der hoch berühmten und berüchtigten Causa Schwedenberg zu behelligen. Das große Werk dieses Schriftstellers, sagt Kant, enthält acht Quartbände voll Unsinn, und sie alle hat er, Kant, studieren müssen. Entsprechend scharf im Ton, um nicht zu sagen höhnisch, fiel die Besprechung aus. Sie wurde 1766 veröffentlicht, und zwar unter dem Titel: *Träume eines Geistersehers, erläutert durch Träume der Metaphysik.* Das Werk beginnt mit dem Satz: «Das Schattenreich ist das Paradies der Phantasten.»

Und ein Phantast der Sonderklasse war jener von Kant in den Schwitzkasten der Vernunft genommene Schwedenberg gewiss. Wir kennen ihn unter dem Namen, den er trug, seitdem er geadelt worden war: Emanuel Swedenborg, geboren 1688 in Stockholm als der Sohn eines Geistlichen, gestorben 1772 in London. Nach einer Karriere als Wissenschaftler setzt sich bei Swedenborg das religiöse Genie durch, das sich bei ihm schon als Kind angedeutet hat. Im Jahre 1744 erscheint ihm Jesus persönlich und fordert ihn mit den Worten «Tue es also!» auf, sein Leben ganz in den Dienst der wahren Verkündigung zu stellen. Fast genau ein Jahr später erscheint Gott höchstpersönlich, und zwar zunächst als ein Spielverderber. Swedenborg hatte gerade mit großem Appetit zu Mittag gegessen, da nimmt er plötzlich einen Nebel um sich wahr, aus dem Nebel kommen scheußliche Kriechtiere, Schlangen und Kröten, und plötzlich sitzt in der Ecke des Zimmers ein Mann, der die wenig erhebenden Worte spricht: «Iss nicht so viel!» Das bringt Swedenborg ins Grübeln, doch schon in der folgenden Nacht wird das Rätsel gelöst. Derselbe Mann erscheint noch einmal und sagt, er sei Gott der Herr, der Weltschöpfer und Erlöser, er habe ihn, Swedenborg, auserkoren, den geistigen Sinn der Heiligen Schrift auszulegen. Er, Gott selber, werde ihm alles diktieren.

Von nun an arbeitet Swedenborg fast ununterbrochen bis zu seinem 84. Lebensjahr, hat mannigfache Visionen, schreibt nicht selten 30 bis 40 Quartseiten pro Tag, was ihn, nach den Worten eines Biographen, allerdings nicht daran hindert, mit seinen Freunden einen «frischen, heiteren Umgang» zu pflegen.[75] Oft freilich weilt Swedenborg unter Abgeschiedenen, Engeln und Dämonen, durchwandert die Himmel und Höllen, ihre verschiedenen Ebenen und Kreise, trifft in jenseitigen Hörsälen, Amphitheatern, Riesenbauten, Höhlen und Grotten alle möglichen Geister und Seelen, vereinzelt und in Gruppen, um mit ihnen über die Geheimnisse und den wahren Sinn der Heiligen Schrift zu diskutieren. Seine höchsten Ekstasen sind mit einem unbeschreiblichen Genuss verbunden, er nennt ihn «status gloriationis», den Zustand der Verherrlichung.[76]

Es sind die offenkundig unerklärlichen Leistungen, wodurch Menschen wie Swedenborg eine Schar von Anhängern, Bewunderern und Jüngern zuwächst, deren Kritikfähigkeit in der Regel dem Enthusiasmus für das Wunderbare nicht standhält. Selbst der abstruseste Unsinn des Meisters wird toleriert. Hier zwei Details aus Swedenborgs Universum:

Der Seher und Schreibknecht Gottes berichtet, dass es in der jenseitigen Welt alles und jedes gibt, was es im Diesseits auch gibt, nur unendlich vollkommener. Das ändert freilich nichts daran, dass im Himmel die Katholiken zwar im Umkreis, aber doch unterhalb der Protestanten erscheinen, von denen sie «durch Zwischenräume getrennt sind, die zu überschreiten verboten ist». Ärger noch ergeht es den Juden. Die Juden, die nach dem Tode ebenso wie im Leben Handel treiben, besonders mit wertvollen Steinen, «wissen weniger als andere, dass sie sich in der geistigen Welt befinden, sondern meinen immer noch, in der natürlichen Welt zu sein. Der Grund ist, dass sie ganz äußerliche Menschen sind und nicht von innen her über die Religion nachdenken.»[77]

Diese Stelle ist ein wirkliches Kuriosum, abgesehen davon, dass sie antisemitisch ist. Man stelle sich Geister vor, die mangels Geistigkeit nicht wissen, dass sie Geister sind. Ein Jude glaubt, immer noch zu leben, auch wenn er schon längst gestorben ist. Wir haben es hier mit einer Variation über das Thema des Ewigen Juden zu tun. Daher mochte sie auch der Übersetzer des swedenborgschen Textes nicht unkommentiert hinnehmen. Wie für die Katholiken, heißt es in einer Fußnote, so gilt auch für die Juden, dass Swedenborg von ihnen heutzutage «wohl Anderes, vermutlich Erfreulicheres über ihr jenseitiges Schicksal» berichtet haben würde. Denn, so der Übersetzer, während die Katholiken heute zur Bibel allgemein Zugang haben, sind die Juden keine Ghetto-Juden mehr, wie noch zu Swedenborgs Zeiten, sondern überwiegend aufgeklärt und liberal.[78]

Es ist also nicht schwer, Kants ungnädigen Umgang mit dem Phänomen Swedenborg zu verstehen. Kants Resümee lautet: «Daher verdenke ich es dem Leser keineswegs, wenn er, anstatt die Geisterseher für Halbbürger der anderen Welt anzusehen, sie kurz und gut als Kandidaten des Hospitals abfertigt und sich dadurch alles weiteren Nachforschens überhebt.» Um das Naheliegende einer psychiatrischen Diagnose im Falle der Geisterseher autoritativ zu stützen, zitiert Kant abschließend den «scharfsichtigen» Hudibras, wohl aus dem gleichnamigen Versepos von Samuel Butler, mit den herzhaft-kernigen Worten: «... wenn ein hypochondrischer Wind in den Eingeweiden tobt, so kommt es darauf an, welche Richtung er nimmt, geht er abwärts, so wird daraus ein F –, steigt er aber aufwärts, so ist es eine Erscheinung oder heilige Eingebung.»[79]

Das ist blanker Hohn, und dahinter steckt zweierlei. Erstens, es gab zu Kants Zeiten keine wissenschaftlich brauchbare Psychiatrie. Doch zweitens, die bekannten historischen Folgen des Aberglaubens waren natürlich geeignet, die Kämpfer im Geiste der

Aufklärung zu alarmieren. Im Jahre 1764, also nur zwei Jahre vor den *Träumen eines Geistersehers*, veröffentlichte Kant einen *Versuch über die Krankheiten des Kopfes*, worin er den Typus des Fanatikers, den er auch als Visionär oder Schwärmer bezeichnet, glattweg zu den Geisteskranken rechnet: «Dieser ist eigentlich ein Verrückter von einer vermeinten unmittelbaren Eingebung und einer großen Vertraulichkeit mit den Mächten des Himmels. Die menschliche Natur kennt kein gefährlicheres Blendwerk. Wenn der Ausbruch davon neu ist, wenn der betrogene Mensch Talente hat und der große Haufe vorbereitet ist dieses Gährungsmittel innigst aufzunehmen, alsdann erduldet bisweilen sogar der Staat Verzuckungen. Die Schwärmerei führt den Begeisterten auf das Äußerste, den *Mahomet* auf den Fürstenthron und den *Johann von Leyden* aufs Blutgerüst.»[80]

In den Kreisen der Aufklärer und Religionsfeinde wird das Argument Kants zu einer Standardfigur. Leute wie Swedenborg sind eigentlich verrückt, klinische Fälle. Das ungebildete Volk aber ist anfällig für bestimmte Formen der Verrücktheit, namentlich solche, die sich auf einen vertrauten Umgang mit den Mächten des Himmels berufen. Deshalb lässt sich mit dem Aberglauben auch Politik machen: Auf der einen Seite kommen Phantasten zur Macht – oder Machiavellisten, die sich der Phantasten bedienen – und bringen Unglück über die Massen. Auf der anderen Seite entsteht ein Märtyrertum, das sich ebenfalls ideologisch ausbeuten lässt. In jedem Fall sind die Folgen des religiösen Fanatismus schädlich.

Diese Argumentation hat gewiss ihre Berechtigung. Allerdings sind wir heute, in den modernen Demokratien mit hohem Bildungsstand, weithin aufgeklärt, zumindest in dem Sinne, dass man uns anhält, uns unseres eigenen Verstandes zu bedienen und nicht jedem bloß deshalb zu glauben, weil er vorgibt, aus privilegierten Quellen zu schöpfen. Trotzdem ist der Geist Swedenborgs, wie es scheint, ungebrochen lebendig, wenn auch unter vielen verschiedenen Namen. Die Menschen sind vom grauen Alltag geplagte, mit Krankheit und Tod konfrontierte, erlösungshungrige Wesen, die sich nach einer anderen, besseren Welt sehnen. Je nach Wissensstand und Temperament werden sie also nach Anzeichen für eine jenseitige Welt Ausschau halten, und sie werden dabei anfällig bleiben für Scharlatane und falsche Propheten.

Würde sich die Auseinandersetzung zwischen Kant und Swedenborg auf diesen Punkt reduzieren, dann brauchte man kein weiteres Wort darüber zu verlieren. Dass dem nicht so ist, liegt weniger an Swedenborg, als an gewissen bedeutsamen Schwächen der kantischen Argumentation selber.

Swedenborg, das versichern uns glaubwürdige Zeugen, hatte zumindest einmal etwas, was man in der spiritistischen Literatur als das Zweite Gesicht bezeichnet. 1759 schildert er seiner verblüfften Umgebung den großen Brand von Stockholm mit vielen Details. Doch Stockholm ist 500 Kilometer weit entfernt, und so dauert es Tage, bis ein reitender Bote die swedenborgsche Vision bestätigen kann.

Viele Menschen, und unter ihnen befindet sich auch Kant, stellen eine derartige Fähigkeit prinzipiell in Abrede. Aber mit welchem Argument? Vergessen wir nicht, dass Kants eigenes Kriterium, nämlich, sich innerhalb der Grenzen der Erfahrung zu bewegen und dabei sein Urteil auf möglichst gute Evidenzen zu stützen, in Swedenborgs Fall offensichtlich erfüllt war. Was kann man mehr verlangen als mehrere Zeugen, an deren Glaubwürdigkeit ernsthaft nicht zu zweifeln ist? Warum ihnen nicht glauben? Die Antwort, die der Aufklärer zu geben geneigt ist, lautet: Weil Zeugen, die *so etwas* berichten, gar nicht vertrauenswürdig sein *können*. Der Aufklärer geht also von einer sozusagen *apriorischen* Unglaubwürdigkeit bestimmter Ereignisse aus, und er desavouiert damit von vornherein alle, die Zeugen eines solchen Ereignisses werden.

Damit wird der Aufklärer zum Dogmatiker. Er erliegt einem, wenn man so sagen darf, Vorurteil des gebildeten Mannes, das im Übrigen mit starken physiognomischen Aversionen verbunden ist:

Spiritisten sind in der Regel dumme Menschen, die auch so aus-schauen; sie lesen, falls sie überhaupt lesen, dumme Schriften, glauben jeden Humbug und sind ganz versessen darauf, sich dem nächstbesten Betrüger, der ihnen das ewige Leben verspricht, zu unterwerfen.

Mit Kants Gebildeten-Vorurteil hängt nun aber auch seine halt-lose Neigung zusammen, die religiösen Visionäre samt und son-ders für verrückt zu erklären. Das ist um so absonderlicher, als die psychiatrische Theorie zu Kants Zeit nicht viel mehr war als eine Ansammlung ungelenker Spekulationen vor dem Hintergrund vielfältiger Symptomatiken, die man begrifflich nur schlecht oder gar nicht organisieren konnte. Auch Kants eigener Versuch mutet entsprechend gekünstelt, um nicht zu sagen, an den Haaren her-beigezogen an. Die geistige Störung des Visionärs besteht demnach darin, dass die phantastische – Kant sagt «chimärische» – Produktion des Gehirns im Erleben die Oberhand gewinnt, weil «gewisse Chimären, durch welche Ursache es auch sei, gleichsam eine oder andere Organe des Gehirnes verletzt» haben.[81]

Werfen wir einen Blick auf die Psychiatrie unserer Tage, so muss Kant immerhin zugebilligt werden, dass er ein Rätsel zu fassen ver-suchte, für das es noch immer keine organische Erklärung gibt. Das ändert freilich nichts an der Tatsache, dass sich Kant eine Ver-letzung des Gehirns willkürlich zurechtlegt, weil er bestimmte Menschen als Verrückte stigmatisieren möchte und es bereits für das fortgeschrittene 18. Jahrhundert kein fundamentaleres Stigma gab als das biologische.

2. Kontextverweigerung

Persönlichkeiten wie Swedenborg, die im Alltag angepasst, um-gänglich und intelligent leben, rücken die Theorie des Aufklärers, derzufolge der Geisterseher eigentlich ins Irrenhaus gehört, in das unschöne Eck ressentimentgeladener Abwehr. Warum ist einer wahnsinnig, der mit Engeln Umgang pflegt? Bloß weil die meisten anderen nicht mit ihnen verkehren? Das ist doch kein Argument! Aber, sagt der Aufklärer, einer, der Engel sieht, ist wahnsinnig, *weil es gar keine Engel gibt.* Dieses Argument wiederum ist nicht besonders aussagekräftig, obwohl es auf den ersten Blick klar und massiv zu sein scheint.

Wenn mich jemand fragt, ob ich an Engel glaube, dann fühle ich mich unbehaglich. Denn ich weiß nicht genau, was man von mir wissen will. Will man von mir wissen, ob ich glaube, dass Engel Personen wie du und ich sind, aber mit Flügeln zum Fliegen? In diesem Sinne glaube ich ganz gewiss *nicht* an Engel. Andererseits gibt es viele Menschen, denen Engel erschienen sind, im Traum und manchmal auch im Wachen, und nun will man von mir vielleicht wissen, ob ich derlei Erscheinungen für real halte. Ich will mich nicht um eine Antwort drücken, aber das Wörtchen «real» irritiert mich im vorliegenden Zusammenhang erheblich. Um klar zu machen, warum das so ist, bedarf es einiger Bemerkungen zur Hermeneutik oder, wenn man so will, zur richtigen Lesart des Übernatürlichen.

Nicht selten hört man von den gebildeteren Verächtern des Christentums etwa Folgendes: Jesus sei ein Phantast mit Größenideen, ja ein Psychotiker gewesen. Dachte er nicht, er sei der Sohn Gottes? Derlei Kommentare berühren unangenehm, und zwar deshalb, weil diejenigen, die so sprechen, nicht verstanden haben – oder aus polemischen Gründen nicht verstehen wollen –, was eine religiöse Kultur, zumal eine große alte religiöse Kultur ist. Am Anfang des Christentums stand wohl ein Mensch, den wir als Jesus von Nazaret kennen, aber über die Jahrhunderte und Jahrtausende hinweg ist daraus eine *symbolische* Gestalt geworden, die nicht mehr auf ihren historischen Ursprung reduziert werden kann.

Wittgenstein hat einmal gesagt, man dürfe das religiöse Sprachspiel nicht mit dem historischen Beweisspiel verwechseln. Eine Kultur legitimiert sich nur zu einem geringen Teil aus ihrer historischen Faktizität. Auch sind die religiösen Gründerfiguren, die als Kristallisationspunkte großer Traditionen der Verehrung fungieren, durch psychologische Betrachtungen zu erhellen. Überspitzt gesagt: Jesus hat keine Psychologie, selbst wenn es heißt, er sei freundlich, zornig oder verzweifelt gewesen. Unsere Kultur behandelt Jesu Gefühle eher wie Gleichnisse: Gleichnisse für die Idee vollkommener Humanität, die bei aller Endlichkeit stets die Teilhabe am Göttlichen durchscheinen lässt. Wer das nicht versteht, versteht die Botschaft nicht, die Jesus im religiösen Kontext verkörpert. Es ist dieses Unverständnis, das sich in der Vorstellung von Jesus als einer gestörten Persönlichkeit ausdrückt, und wenn wir bei ansonsten kultivierten Menschen ein solches Unverständnis wahrnehmen, dann fühlen wir uns betreten.

Nun ist der Aufklärer im Allgemeinen kein Mensch, der für die Sprache der Kultur unempfänglich wäre. Er versteht sehr genau, was Symbole und Gleichnisse sind. In Glaubenssachen jedoch fühlt er sich als Kämpfer gegen die Dummheit, und deshalb betreibt er, aus polemischen Gründen, eine *Strategie der Entkontextualisierung*. Er liest die Bibel, als ob sie beanspruchte, nichts weiter als ein historischer Tatsachenbericht zu sein, und er behandelt die Aussagen Jesu, als ob sie hier und jetzt eins zu eins umzusetzen wären. Kombiniert man beide Methoden, so gelangt man zu einem für jeden Gläubigen desaströsen Ergebnis. Während die historische Bibelkritik nachweist, dass kaum etwas, was Jesus in den kanonischen Evangelien als Wort und Tat zugeschrieben wird, tatsächlich von ihm stammt, weist uns der moralische Kommentar auf angeblich fragwürdige Seiten des Nazareners hin. Bei Bertrand Russell etwa heißt es:

«Christus, wie er in den Evangelien geschildert wird, glaubte ganz gewiss an eine ewige Strafe, und wiederholt findet man in ihnen eine rachsüchtige Wut auf jene Menschen, die auf seine Predigten nicht hören wollten – eine bei Predigern nicht ungewöhnliche Haltung, die aber die höchste Vortrefflichkeit etwas in Frage stellt.»[82]

Dass die meisten Christen heute nicht mehr an den Höllenpfuhl und dennoch an Jesus als den Sohn Gottes glauben, ist für den Aufklärer kein Zeichen für die historische Vielschichtigkeit des Umgangs mit einem Text wie dem Neuen Testament, sondern bloß ein Zeichen für den uneingestandenen Bankrott des Christentums.

Auf die Frage, was einen Christen von einem Sektierer, etwa einem Zeugen Jehovas, unterscheidet, ist die beste Antwort vielleicht die, dass im Gegensatz zum Zeugen Jehovas der Christ die Bibel nicht wörtlich nimmt. Demgegenüber ist es die polemische Strategie des Aufklärers, alle religiösen Anschauungen auf einen gemeinsamen Nenner zu bringen, nämlich den, den man erhält, wenn man vom kulturellen Kontext absieht. Als Resultat ergibt sich immer das Gleiche: Religion ist Aberglaube und Fetischdienst.

«Von einem tungusischen *Schaman* bis zu dem Kirche und Staat zugleich regierenden europäischen *Prälaten,* oder [...] zwischen dem ganz sinnlichen *Wogulitzen,* der die Tatze von einem Bärenfell sich des Morgens auf sein Haupt legt mit dem kurzen Gebet: ‹Schlag mich nicht todt!› bis zum sublimierten *Puritaner* und Independenten in *Connecticut* ist zwar ein mächtiger Abstand in der *Manier,* aber nicht im *Princip* zu glauben»; denn, so Kant, in jedem der genannten Fälle besteht der Gottesdienst im Glauben statuarischer Sätze und im Befolgen willkürlicher Observanzen, also in gar nichts, was im Effekt einen besseren Menschen ausmachen würde.[83] Demgegenüber besteht für Kant die wahre, weil einzig universale Religion, die zugleich weder abergläubisch noch ritualistisch ist, im Befolgen des moralischen Gesetzes, welches Gott in das Herz eines jeden Menschen geschrieben hat.

Obwohl nun aber Kants Vernunftreligion zu den Eckpfeilern der Moderne gehört und bis in das Menschenrechts-Naturrecht hineinwirkt, ist Kants religionskritische Diagnose, die den Prälaten schamanisiert und den Puritaner im Bärenfell vorführt, doch in erster Linie eine Strategie der Verunglimpfung, statt eine Methode des Verstehens. Das Christentum ist ein kulturelles Phänomen; um es zu verstehen, muss man begreifen, wie es sich im Kontext der

Kultur, deren Quelle und Ärgernis es ist, selbst immer wieder re-interpretiert. Ziel der Selbstauslegung ist es gerade, die Grenze zwischen Glauben und Aberglauben zu aktualisieren und den Gottesdienst durch eine sublimierte Auffassung des Rituals vor Fetischisierung zu bewahren.

Ob das gelingt, ist eine andere Frage. Indessen scheint das Bemühen an sich wesentlich, denn es konstituiert einen unabdingbaren Teil der modernen religiösen Identität. Ausgerechnet dieser Teil jedoch wird durch das Verfahren der Entkontextualisierung des Religiösen ignoriert oder rasch als nebensächlich beiseite geschoben.

Was nun das Wechselspiel zwischen Aufklärung und Geisterseherei betrifft, so ist es besonders interessant, dass das, was der Aufklärer als Instrument der Polemik einsetzt, von den neureligiösen Bewegungen bewusst oder unbewusst als Strategie des Durchbruchs zur wahren Religion verwendet wird. Die eigene Kultur samt ihrer hochreligiösen Kodierung wird mehr oder minder kritisch beurteilt, abgelehnt und nicht selten verteufelt. An ihre Stelle tritt eine neue Direktheit im Umgang mit dem Jenseits. Auch das ist eine Form der Dekonstruktion des historischen Kontexts.

Swedenborg machte sich selbst auf den Weg. Sein wahres Christentum ist in Wahrheit ein Umsturz, weil er die ganze lange Reihe der jüdisch-christlichen Vermittler überspringt. Er selbst trifft Gott und wandert durch die Himmel und Höllen. Dadurch wird das Gleichnishafte der entwickelten Religion aufgesprengt, und alles kommt wieder buchstäblich daher. Wenn die Kultur das Reich des abgeleiteten Verstehens ist, dann stellt, bei allem Auslegungsfieber mit Bezug auf die eigenen Gesichte, Swedenborgs Welt die Nachtseite der Kultur dar, ihren Albtraum. Gott sitzt in einer Ecke und sagt: «Iss nicht so viel!», und das ist kein Gleichnis, sondern eine Faktizität ohne Tiefe. Alles muss so genommen werden, wie es sich zeigt, woraus folgt, dass nichts mehr etwas zu bedeuten hat. Swedenborgs Diskussionen mit den

Geistern sind denn auch von einer unbeschreiblichen Langeweile und Dummheit, wie sie nur dort auftreten, wo der Krimskrams des Jenseits bloß eine phantastische Verdoppelung des Krimskrams im Diesseits bildet.

Ein ähnliches Erlebnis musste ironischerweise Houdini, der berühmte Zauberer, machen, als er sich von Sir Arthur Conan Doyle, dem Schöpfer des Sherlock Holmes, dazu überreden ließ, an einer Séance teilzunehmen, die von Lady Doyle veranstaltet wurde. Bei dieser Séance – ich übernehme die Geschichte aus Adolf Holls Buch über den Heiligen Geist – meldete sich Houdinis Mutter durch die schreibende Hand von Lady Doyle mit einem Kreuz zum Auftakt und in perfektem Englisch, obwohl sie, eine ungarische Jüdin, zu Lebzeiten weder ein Kreuz gemacht hätte, noch in der Lage gewesen wäre, fehlerfrei Englisch zu sprechen. Das Erschütterndste aber waren die absolut nichtssagenden Botschaften aus dem Jenseits: «Oh my darling, thank God, thank God, at last I'm through ... I always read my beloved son's mind ... Good-bye ... Good-bye again. God's blessing be on you all.» Seither war, laut Conan Doyles Zeugnis, Houdini zu einem «medium-baiter», einem Spiritistenfallensteller, geworden.[84]

Grobe, unverblümte Direktheit in religiösen Belangen ist, wo immer sie auf dem Boden der alten europäischen Kultur auftritt, mit Unbildung korreliert. Das heißt im Ergebnis, dass arme abergläubische Menschen von religiösen Schwindlern und Psychopathen skrupellos ausgenützt werden, ein Umstand, der für Kant große Teile der Geisterseherei so abstoßend gemacht hat.

3. Passionen der höheren Dummheit

Doch der Aufschwung neureligiöser Strömungen, wie er seit dem 19. Jahrhundert mit steigender Intensität vonstatten geht, beschränkt sich keinesfalls auf die ungebildeten Schichten. Im Gegenteil, heute sind es auch und besonders die Mittelschichten –

deren Angehörige die Matura und häufig ein Hochschulstudium absolvierten –, welche zu vielerlei Mystizismen neigen. Hier der Katalog eines Experten, zusammengestellt in Gruppen und Alternativen:

Tai-chi oder Quigong, Fünf Tibeter oder Anwendung des Feng-Shui, Morphologische Methode oder Ayurveda, Rolfing oder Rebirthing, Feldenkrais oder Bioenergetik, Fasten oder Naturkost, Reinkarnation oder Astrologie, Orgon-Therapie oder Engel-Botschaften, Chakras-Therapie oder Alexander-Technik, Atem-Therapie oder Reiki, Yoga oder Shiatsu, Primär- oder Gestalt-Therapie, biodynamische oder neureichianische Massage, autogenes Training oder «spirituelle Ferien», Akupunktur oder Akupressur, Kinesiologie oder Hakomi, Homöopathie oder Hypnotherapie, Tantra oder Tarot, Energy Channeling oder Sexual Healing, Tibetan Pulsing oder Rebalancing, Heilen durch Pyramiden, Pflanzen, Edelsteine, Kristalle, Minerale, Metalle, Pendel, Bachblüten, Aromen, Düfte, Musik, Farben und Licht, Malen, schamanistische Körper- und Energiearbeit, Meditation, Trance, körpereigene Drogen, Heilschlaf, Tanz.[85]

Diese Liste ist keineswegs vollständig, sie ist aber jedenfalls ausführlich genug, um das Phänomen der Entkontextualisierung des Religiösen von seiner neuen, modernen und postmodernen Seite zu zeigen.

Religiöse Direktheit wirkt primitiv in einer Gesellschaft der mittleren und höheren Reife. Schon das Wort «Religion» ist zu direkt, daher das Codewort «Spiritualität». Die Mittelschicht steht ihrer eigenen Tradition vielfach mit Distanz, teilweise sogar mit Scham und Abscheu gegenüber. Geht man in der Geschichte des Abendlandes nur ein wenig zurück, findet man sich auf Seiten der Ungebildeten und Subalternen, der Habenichtse und dann der Emporkömmlinge. An der Größe der eigenen Kultur hat der Angehörige der Mittelschicht kaum teil. Die Quellen ihrer Vitalität sind ihm daher nicht geheuer. Macht und Pomp der Kirche auf der einen Seite, Dummheit und Aberglaube auf der anderen: Man will mit beidem nichts zu tun haben. Man hat seine eigene Kultur. Die freilich besteht zu einem guten Teil in der Instrumentalisierung der alten Kulturbestände zu dekorativen Zwecken, zu einem weiteren Teil aber darin, mit der eigenen Vergangenheit abgeschlossen, sie sozusagen produktiv überwunden zu haben.

Eine solche Haltung liegt bereits dem Kantischen Diktum zugrunde, wonach so viele Geschlechter der Menschheit umsonst gelebt haben, weil sie nicht erleben konnten, welchem Zivilisationsideal sie dienten.[86] Das ist die Maxime des aufgeklärten Bürgertums, und schließlich, in abgesenkter Form, auch Ausdruck des Ressentiments gegen den Ernst der großen Kulturbestände, besonders der jüdisch-christlichen Tradition. Sich selbst versteht man als Bannerträger und Vollendung des Fortschritts. Man ist die Seele der Moderne, und die Moderne bedarf weder zu ihrer Fundierung noch zu ihrer Rechtfertigung einer Tradition, zumal keiner des Glaubens. Der bürgerliche und kleinbürgerliche Glaube ist freischwebend, ohne Dogma: ein Gott für alle und für keinen.

So entsteht, als Komplement zur Blutleere des historisch entkernten Glaubens, eine religiöse Kultur für Halbgebildete. Diese ist anfällig für alle Formen des Okkultismus, des Spiritismus und der Magie, doch sie muss so tun, als ob sie in Sachen Religion die Nase vorne hätte, besonders gegenüber den angestammten kirchlichen Autoritäten. Derart gedeihen die Passionen der höheren Dummheit – ein Ausdruck, den ich von Robert Musil beziehe[87]: Der als primitiv empfundene Wunsch nach Erlösung vom Übel und dem ewigen Leben wird durch eine Begrifflichkeit bemäntelt, die hinlänglich «asiatisch» wirkt, d. h. fremd und ehrwürdig, oder hinlänglich alternativwissenschaftlich, so dass sie der Halbbildung als «spirituell» einzuleuchten vermag.

Der Typus der höheren Dummheit entsteht, wo der Mensch den von Kant geforderten Ausgang aus der selbstverschuldeten Unmündigkeit durch eine Abwendung von der «veralteten» eigenen Kultur vollzogen hat, ohne dann allerdings noch deren sublimierende Kräfte gegen die wahnhaften Tendenzen der eigenen Seele mobilisieren zu können. So steht man heute fassungslos – oder, je nach Temperament, amüsiert – vor neuen massenhaften Formen des Aberglaubens.

4. Der Möchtegerngläubige

Daraus lässt sich der Schluss ziehen, dass man die Esoterik mit Aufklärung nicht gut bekämpfen kann, weil nämlich der Aufklärer genau jene Entkontextualisierung des Religiösen betreibt, die erst den Mystizisten modernen Zuschnitts hervorbringt. Wenn es der jüdisch-christliche Gott nicht mehr sein darf, dann wird eben die Mikrophysik zu tanzen beginnen wie Shiva, und ein herausragender Vertreter der höheren Dummheit, Fritjof Capra, wird unser Prophet sein. Wenn die Wunder des Alten und Neuen Testaments in der Rumpelkammer des Okzidents verschwinden, dann werden die Wunder des Haarschnitts bei Vollmond die Seelen behexen. Wenn der Engel des Herrn und die Apokalypse des Johannes zu Kinderkram werden, dann wird uns zum Ausgleich der Schwarzseher Nostradamus endzeitlich stimmen.

Aber das alles ist viel weniger beunruhigend, als es dem geharnischten Aufklärer scheinen mag. Denn die Mystizismen heben sich gegenseitig auf. Wo ein Yin ist, da ist auch ein Yang. Beide sind bloß solange im Umlauf, als sie nicht von aufregenderen Dingen verdrängt werden. Der Esoteriker unserer Tage braucht viel Abwechslung, auf ihn ist kein rechter Verlass. Er ist kultisch promisk, heute vielleicht ein Teufelsanbeter und morgen schon ein Jünger der Gaia.

Hinzu kommt, dass der moderne Gläubige vielfach bloß ein Möchtegerngläubiger ist. Er sehnt sich nach dem, was unsere Kultur an religiöser Geborgenheit verloren hat, doch gleichzeitig möchte er auf keinen Fall mehr in die geistige Dogmatik zurückkehren, die eine Voraussetzung der Geborgenheit war. Sobald er sich nun anschickt, diesen Punkt zu verstehen, und lernt, seine eigene zwiespältige Situation als eine der *erwünschten Uneigent-lichkeit* zu begreifen, hat er der höheren Dummheit bereits entsagt. Er ist dann reif für die Postmoderne. Es ist nicht wahr, sagt der Postmodernist, dass ich an keinen Gott glaube, vielmehr ist wahr, dass ich an alle Götter glaube. Das ist zwar fast genauso gut oder schlecht, als ob man an gar keinen Gott glaubte, aber es ist weniger verbissen – und daher ein wenig menschlicher – als der knöcherne Agnostizismus, mit dem uns die Fackelträger der Vernunft heimleuchten wollen.

IX
ERLÖSUNG HIER UND JETZT!

1. Die Transzendenz der Immanenz

Wie spricht einer über das Leben, der von sich behauptet, er habe Gott getötet? Herbst 1881, es ist das Jahr, in dem Nietzsche sich an Bizets Oper *Carmen* berauscht. In sein Notizheft schreibt der 37-jährige Exprofessor für Philologie, nun Pensionist: «Du fühlst, daß du *Abschied* nehmen wirst, bald vielleicht – und die Abendröthe dieses Gefühls leuchtet in dein Glück hinein. Achte auf dieses Zeugniß: es bedeutet, daß du das Leben, und dich selber liebst und zwar das Leben, so wie es bisher dich getroffen und dich gestaltet hat – und *daß du nach Verewigung desselben trachtest.*»[88] Hier also, hier und jetzt ist das Leben, sagt Nietzsche, und es ist nirgendwo anders. Unter dem gottlosen Himmel, befreit vom Glaubensdogma, erhellt die Wahrheit. Sie lautet, dass es einzig dieses Leben hier und jetzt ist, das in alle Ewigkeit gelebt zu werden verdient.

Worauf gründet die Euphorie des Philosophen, der periodisch an grässlichen Krankheitszuständen leidet? Auf einer Vision? Auf Bizets komischer Oper? Auf allerlei Champagnerlaunen? Die Tatsachen scheinen anders zu liegen. Der gottlose Philosoph ergreift begierig die Maske des Lebenskünders. Er ringt um einen Ausdruck für seine tiefe religiöse Sehnsucht nach Verherrlichung und Verewigung des Seins und kündet dabei doch von Dingen, an die er, der arme einsame Mensch Friedrich Nietzsche, niemals glauben kann. Für ihn ist das Rad der Zeit die schrecklichste aller Foltern. «Ich will», schreibt Nietzsche um die Jahreswende 1882/83, «das Leben nicht *wieder*. Wie habe ich's ertragen? Schaffend. Was macht mich den Anblick aushalten? der Blick auf den Übermenschen, der das Leben *bejaht*. Ich habe versucht, es *selber* zu bejahen – Ach!»[89]

Nietzsches «Ach!» klingt anders als Schopenhauers Nein zur Welt. Bei Nietzsche ist in der Tiefe ein anderer, mehrdeutiger Ton, zerbrechlicher und zugleich fordernder, an der Oberfläche häufig auch schriller.

Schopenhauers Pessimismus mit Bezug auf die Welt war noch durchdrungen von urchristlich-platonischem Geist, aufgetischt als die asiatische Sehnsucht nach dem Nichts. Indem das Absolute sich verendlicht und zerstreut, gelangt es zu Selbstbewusstsein, Welterkenntnis, Selbsterkenntnis, doch um den Preis der Übel und des Bösen und einer fortdauernden Entzweiung mit sich selbst. Rückkehr in die bergende Ungeschiedenheit würde heißen: Rücknahme der Welt und ihrer Gegensätze, Aufhebung der Trennung von Subjekt und Objekt, Ich und Nicht-Ich. Innerhalb der Welt gibt es keinen rechten Trost, aber es gibt immerhin die Kunst. Sie ist es bei Schopenhauer, die uns aus dem schmerzhaften Gehäuse unseres Ich heraushebt, wenn auch bloß für die kurze Zeit unserer Teilhabe am unpersönlich Schönen.

Der reife Nietzsche bekämpft den Ansatz Schopenhauers energisch. Denn die Kunst hat nach Nietzsche die Aufgabe, die Welt zu bejahen, *so wie sie ist*. Dahinter steht der im Ursprung romantische Gedanke, dass sich die Welt weder philosophisch noch theologisch rechtfertigen lässt, und schon gar nicht moralisch, sondern nur ästhetisch, mit den Mitteln der Kunst, als schöner Schein. «Nur aesthetisch», schreibt Nietzsche, «giebt es eine Rechtfertigung der Welt.» Und er fügt hinzu, gleichsam um die eigene Kampflinie zu markieren: «Gründlicher Verdacht gegen die Moral ...»[90]

Der schöne Schein ist für den abendländischen Platoniker, der sich mit christlichem Negativismus vollgesogen hat, eine Maske des Bösen. Böse ist das Leben, und das, was gut ist an ihm, der göttliche Funke, will die Schwächung des Lebens, den Tod – die Seele will zurück in den himmlischen Schoß. Nietzsche nun dreht den Spieß um und lehrt, dass das Leben nichts will außer sich selbst. Es will sich selbst, so wie es ist, ohne Abstriche, ohne Wenn und Aber. Solange es nicht verkrüppelt worden ist, will es alles, was seinen

Willen stärkt, und es hasst alles, was ihn reduziert und von seiner Bahn der Bejahung ablenkt. Nietzsche nennt diesen unbedingten Willen des Lebens zur Selbstbejahung den «Willen zur Macht».

Das Leben will den schönen Schein, weil der schöne Schein die Lust am Leben vermehrt. Weder die Wahrheit noch das Gute sind Zwecke an sich. Im Gegenteil, ihre Inthronisierung als höchste Werte der Kultur war, laut Nietzsche, ein Anschlag auf das Leben. Gehört es nicht zu den tiefsten Vorurteilen unserer Kultur, dass das Wahre und Gute geistige Ideale sind, die mit dem Leben hier und jetzt kollidieren?

Deshalb wird für Nietzsche die jenseitige Welt als der Ort, an dem das Leben hier und jetzt *nicht* ist, zum größten Ärgernis. Die Transzendenz als die Urheimat des Wahren und Guten – was ist sie anderes, fragt Nietzsche, als ein Instrument, um den schönen Schein im Diesseits zu denunzieren, um alles berauschend Sinnliche abzukanzeln, alles mächtig Triebhafte schlecht zu machen im Namen eines geisterhaften Popanz, einer nicht existenten Hinterwelt namens «Jenseits» oder «Welt der Ideen»?

Doch Nietzsche, der geharnischte Verächter aller Transzendenz, ist *kein* Immanentist. Nietzsche propagiert kein a-religiöses Lebensideal. Er ist kein Positivist, höchstens ein Möchtegern-Naturalist. Er liebäugelt damit, Naturwissenschaften zu studieren, obwohl er der wissenschaftlichen Methode fremd und dem wissenschaftlichen Anschauungsverlust abweisend gegenübersteht. Nietzsches philosophische Stoßrichtung ist denn auch eine andere. Sie zielt darauf ab, die Immanenz *religiös aufzuladen.*

Bei Nietzsche muss man ein Jenseitsleugner und Antichrist sein, um ein religiöser Mensch sein zu können. Nietzsche dekretiert, dass der Freigeist der religiöseste Mensch sei und der religiöse Mensch der Gegensatz des gläubigen Menschen.[91] Damit bekämpft der selbsternannte Umwerter aller Werte das traditionelle, an Dogma und Kult geknüpfte Verständnis von Religion. Seine Absicht ist es aber nicht, in Glaubenssachen Entspannung und

Indifferenz zu predigen; im Gegenteil, es geht ihm darum, die unverfälschte, tiefste Sehnsucht des religiösen Menschen herauszuarbeiten. Der religiöse Mensch Nietzsches will einen Standpunkt gewinnen, von dem aus die Welt als gerechtfertigt erscheint, trotz aller Leiden und Übel, trotz alles Bösen. Das religiöse Streben orientiert sich an einem Horizont, an dem kategorisch aufleuchtet: *Es ist wie es ist, und es ist gut!*

Die bisherige Menschheit, so Nietzsche, konnte sich jenes Horizonts nur abergläubisch versichern. Sie musste sich einen Glauben zurechtspinnen, der die Mängel des Diesseits als das Ergebnis einer Entfremdung vom göttlichen Urgrund darstellte. Nietzsche sagt, dass die Lehre von der Entfremdung selbst Teil der Entfremdung des Lebens von seiner zentralen Kraftquelle, dem Willen zur Macht, sei.[92]

Was aber geschieht, wenn man die Ideologien der Entfremdung, namentlich das Christentum, angreift und zerstört? Man entdeckt, sagt Nietzsche, dass das Leben nichts weiter *will* als leben, bis in alle Ewigkeit, und dass es *deshalb* nicht aufhören wird, sich bis in alle Ewigkeit zu wiederholen: «Das ist: ich lehre, daß alle Dinge ewig wiederkehren und ihr selber mit –, und daß ihr schon unzählige Male dagewesen seid und alle Dinge mit euch; ich lehre, daß es ein großes langes ungeheures Jahr des Werdens giebt, das, wenn es abgelaufen, ausgelaufen ist, gleich einer Sanduhr immer wieder umgedreht wird: so daß alle diese Jahre sich selber gleich sind, im Kleinsten und im Größten.»[93]

Trotz eines oberflächlichen Gleichklangs darf man Nietzsches Position nicht mit den Lehren des Sozialismus, Hedonismus oder atheistischen Humanismus verwechseln. Diesen Lehren wird von Nietzsche gerade ihr Hang zur Endlichkeit vorgeworfen. Ihre Parteinahme gegen Jenseits und Hinterwelt sei zugleich eine Parteinahme für das sterbliche Individuum, das angesichts des ewigen Todes nach raschem Glückskonsum strebe. Die Flüchtigen, die Sterblichen, sagt Nietzsche, sie alle können nicht warten, im Gegensatz zu den Menschen mit ewigen Seelen und ewigem

Werden. Der wahre Kategorische Imperativ lautet: «*so* leben, daß du wünschen musst, wieder zu leben ist die Aufgabe – du wirst es *jedenfalls!*»[94] Das Stichwort für die religiöse Aufladung der Immanenz bei Nietzsche lautet «Ewigkeit». Nietzsche schafft das Jenseits ab, aber nur, um das Diesseits vor der Verweltlichung zu retten. Es handelt sich um einen Vorgang, der für das religiöse Empfinden der Moderne grundlegend ist; es handelt sich um die *Transzendentalisierung der Immanenz.*[95]

Nun ist dieser Vorgang freilich mit einer Paradoxie behaftet. Die Lehre von der ewigen Wiederkehr verschafft dem Drang zur absoluten Lebensbejahung zwar einen Anhalt im Weltlauf selber; doch sie erzeugt auch eine neue, radikalisierte Form von Sinnlosigkeit. Angenommen, Nietzsches Lehre ließe sich tatsächlich als ein vertretbares kosmologisches Modell darstellen. Angenommen also, das Universum würde jedes Mal mit dem Urknall beginnen, expandieren, zum Stillstand kommen, um sich dann wieder zusammenzuziehen, bis hin zu jenem kritischen Punkt, an dem ein neuer Urknall entsteht, der abermals eine Welt gebiert, die all ihren Vorläuferinnen bis ins letzte Detail gleicht – und so weiter, *ad infinitum:* Dann hätte diese ungeheuerliche Weltmaschine doch nicht die geringste Bedeutung. Sie wäre einfach, was sie ist und wie sie ist, und die Frage, was das Ganze solle, ließe nur eine Antwort zu: Nichts. Es ist schwer zu sehen, wie ein sich derart fühllos drehendes Rad, ein Perpetuum mobile des Weltelends, auf irgendein religiöses Bedürfnis irgendeine Antwort bieten könnte.

An dieser Stelle kommt Nietzsches Wille zur Macht ins Spiel. Er hat die Funktion, den Sinn zu retten, den die Schöpfung ohne Schöpfer an sich nicht aufzubieten vermöchte. «Der siegreiche Begriff ‹Kraft›», sagt Nietzsche, «mit dem unsere Physiker Gott und die Welt geschaffen haben, bedarf noch einer Ergänzung: es muss ihm eine innere Welt zugesprochen werden, welche ich bezeichne als ‹Willen zur Macht›, d. h. als unersättliches Verlangen nach Bezeigung der Macht, als schöpferischen Trieb usw.»[96]

Mit Händen ist hier zu greifen, dass die Lehre von der ewigen Wiederkehr zwar ein Absolutes ohne Subjektivität, aber eben doch ein Absolutes voraussetzt. Die Innenseite aller physikalischen Kräfte ist ein Wollen, das sich selbst unbedingt und zeitlos will. Der Wille zur Macht ist das Göttliche, und das menschliche Leben ist sein selbstbewusster Ausdruck. Er ist es, an dem die Transzendentalisierung der Immanenz hängt. In ihm wurzeln auch die hohen Leistungen des menschlichen Bewusstseins, nicht nur die Kriege, auch die Stillleben.

2. Das «Ach!» des Übermenschen

Mit seiner im Kern theologischen Konzeption des Willens zur Macht bleibt Nietzsche Schopenhauer und Kant verpflichtet. Wenn die Welt eine Seinstiefe hat, die sich nicht im bedeutungslos Faktischen erschöpft, dann muss es einen Schnittpunkt zwischen Subjekt und Objekt geben. Dieser Schnittpunkt ist, wie schon Kant zwingend argumentierte, kein empirisch psychologischer, kein Punkt in der Immanenz. Es muss sich vielmehr um den transzendentalen Ort (oder Nicht-Ort) handeln, an dem beide, Subjekt und Objekt, einander berühren, wo sie miteinander verschmelzen und auseinander hervorgehen. Dort, so argumentieren später die Idealisten, indem sie auf Kants Transzendentalphilosophie das Licht des Neuplatonismus fallen lassen, dort erkennt das Subjekt sich in seinem Anderen, dem Objekt, wieder. Es erinnert sich seines eigenen verloren gegangenen Ursprungs, dem es, durch alle Ablenkungen, Differenzen und Negationen hindurch, unaufhörlich zustrebt.

Nietzsche indessen ist Antiplatoniker. Der Wille zur Macht, sagt Nietzsche, will, dass der Mensch sich selbst belüge. Denn bloß so, als ein Wesen, das sich von der Wahrheit fernhält und die Täuschung kultiviert, sei der Mensch in der Lage, das Leben nicht nur zu ertragen, sondern es auch zu lieben. Ästhetisch bedeutet

Nietzsches Lehre, dass die französische Operette gefeiert, Wagners tragische Tiefgänge hingegen «pfäffisch» genannt und barsch abgewiesen werden.

Hier freilich fällt Nietzsche hinter sich selbst zurück. Er begrüßt lachend die Lüge und will dabei doch wahrhaftig sein. Das ist eine unmögliche Haltung. Wenn die Bejahung der Welt in der Lüge gründet, dann ist der Bejahende gezwungen, zynisch zu werden. Man muss also Nietzsches Formulierungen ihres transzendenz-hasserischen Überschusses entledigen, weil Letzterer es ist, der zur Unwahrhaftigkeit nötigt.

«Philosophie», hat Adorno gesagt, «wie sie im Angesicht von Verzweiflung einzig noch zu verantworten ist, wäre der Versuch, alle Dinge so zu betrachten, wie sie vom Standpunkt der Erlösung aus sich darstellten.»[97] Das aber gilt vor allem für die Kunst und ihr Verhältnis zur Transzendenz. Transzendenz muss in der Immanenz anwesend sein können. Erst dadurch wird der Weg frei für jene Art von Ästhetik, welche das Schöne mit dem Göttlichen verbindet – der Weg hin zu einer Ästhetik der Erlösung. Ihr zufolge gründet das welteinverständige Moment der Kunst nicht darin, einen schönen Schein über die unerträgliche Wahrheit der Welt zu breiten. Das ästhetische Vermögen gründet vielmehr darin, die Kunst in den Dienst einer Anschauung der Dinge *sub specie aeternitatis* treten zu lassen – als ob der Blick Gottes auf die armen endlichen Dingen fiele; als ob die wahre Anschauung der Dinge zugleich die Zurücknahme aller Entzweiung wäre.

Die inspirierte Kunst lässt uns erahnen, dass Subjekt und Objekt zwei unglückliche Teile ein und desselben sind, *eines* seligen Absoluten. Bei Nietzsche hingegen droht die Gefahr, dass das Subjekt sich wahnhaft als Absolutes inthronisiert. Die Vollendung des Willens zur Macht ist der Übermensch, der alles Böse rückhaltlos beklatscht, solange es dem Schauspiel «Leben» dient.

Suchen wir nach dem Ursprung von Nietzsches Satz, wonach der religiöse Mensch der Gegensatz des gläubigen Menschen sei, dann stoßen wir, wieder einmal, auf Kant: «Es ist nur *eine* (wahre) Religion, aber es kann viele Arten des Glaubens geben.»[98] Ob Nietzsche diesen Satz kannte und ihn polemisch variierte, bleibe dahingestellt. Jedenfalls besteht für Kant die wahre Religion darin, statt sich an Götzen, Fetische und Dogmen zu klammern, dem moralischen Gesetz zu dienen, das Gott in das menschliche Herz geschrieben hat, d. h. in das apriorische Herz der Vernunft.

Kant und Nietzsche sind wie Wasser und Feuer, und doch gehören beide zusammen. Denn ihre Versuche, das Phänomen des Religiösen als etwas streng Allgemeines zu denken und so vor dem Untergang der alten Glaubensbestände zu retten, ergänzen einander. Es sollte nicht schwer fallen, in Nietzsches Haltung eine ästhetische Utopie auszumachen, die zusammen mit Kants Idee einer natürlichen Religion eine *authentische Form moderner Religiosität* bildet.

Kants Verdünnungsversion der Transzendenz – das Transzendentale – entzieht das Absolute jeder Fixierung. Gott entzieht sich der Vernunft, daher sind alle Gottesbeweise erschlichen. Gott zeigt sich aber auch nicht *in* der Welt. Kein Erfahrungsgegenstand, kein Vorstellungsinhalt, kein noch so phantastisches Phantasiegebilde weist über die Immanenz, das kantische «Reich der Erscheinungen», hinaus. Das ist zuwenig, um die Welt zu rechtfertigen. An dieser Stelle kommt Nietzsches Ästhetik ins Spiel. Sie besagt, dass eine Rechtfertigung der Welt einzig im Medium der Kunst möglich sei.

Widersteht man der Polemik Nietzsches, so zielt Nietzsches Ästhetik darauf ab, die kantische Basis reiner Moralität um das «Offenbarungsmoment» künstlerischer Einbildungskraft zu erweitern. Die ästhetische Anschauung ist religiös, weil sie die Dinge so zeigt, *als ob* sie unbedingt zu bejahen wären. Tatsächlich lebt der inspirierte Blick in der Sphäre des Irrealen: Er weiß, dass die Dinge unvollkommen und vom Übel durchsetzt sind, und doch nimmt er an ihnen wahr, was an ihnen ewig ist – ihre Teilhabe am verborgen Göttlichen, an der «Herrlichkeit des Seins».[99]

Mit einem Wort: Vollkommene Schönheit ist ein Ideal, eine regulative Idee, bezogen auf die Anschauung der Dinge vom Standpunkt ihrer Erlösung aus. Dagegen ist alle menschliche Kunst, selbst das vollkommenste Werk, nur ein Gleichnis, eine Ahnung, wie es wäre, wenn die Dinge vom Licht der Gnade erfasst und vom Schatten des Übels befreit würden. Wahr aber bleibt, dass diese Ahnung besteht und dass sie den einen Teil dessen ausmacht, was sich als «Religiosität jenseits der Religionen», als *transkonfessionelle Religiosität* charakterisieren ließe.

Der andere Teil dieser Religiosität wird repräsentiert durch die ethisch gedachte Idee der Menschheit. Sie, als die Kantische Bestimmung der wahren Religion, legt den Grenzbegriff der Erlösung auf die Utopie einer Welt um, welche sich freiwillig, aus autonomer Einsicht in das Pflichtgemäße, des Bösen begeben hätte. Darin ist enthalten, dass das Gute, das alle vernünftigen Subjekte normativ bindet, seinen Ursprung im guten Willen Gottes hat und nicht im amoralischen, ja antimoralischen Willen zur Macht.

Aus dem Gesagten folgt aber auch, dass in unserer unvollkommenen Welt das Gute und das Schöne niemals zusammenfallen. Jeder Versuch einer Ästhetisierung des Moralischen oder einer Moralisierung des Ästhetischen ist Ideologie – Nietzsches Ideologie, wenn man so will. Ihr Kern besteht darin, Erlösung hier und jetzt zu fordern.

Nietzsches Religiosität hingegen ist etwas anderes. Ihr ist das Moment der Klage beigegeben: Der Philosoph will mit allen Fasern seiner Seele das Leben wollen, aber er will, wie er sagt, dieses sein wirkliches Leben *nicht*. Die Trauer darüber hat er in ein einziges Wort gegossen: «Ach!»

3. Der Fall Achill

Die Kunst soll uns dabei helfen, die Welt zu lieben. Das ist zunächst immer eine ganz unvernünftige Liebe, eine Liebe trotz allem. Aber es gibt die Schönheit: In ihrem Licht verwandeln sich die schlechten Dinge. Sie werden zu einem Gleichnis dafür, wie Gott die Welt sieht. Wer die Dinge im Licht der Schönheit sieht, liebt die Dinge nicht, *obwohl* sie schlecht sind; er liebt sie, weil sie sind, was sie sind.

Die Aufgabe, Gott zu lieben, besteht darin, nach einem Standpunkt zu streben, von dem aus die Welt betrachtet und gesagt werden kann: «Es ist wie es ist, und es ist gut.» Das ist eine Aufgabe, die man nicht aus eigener Machtvollkommenheit in Angriff nehmen kann. Um sich ihr zu stellen, bedarf es der Gnade: Man muss vom Geist erfüllt werden. Aber es gibt die Zeichen der Erfüllung auch in der Wüste des Lebens. Es gibt das Licht der Schönheit, wie es die Kunst auf die Dinge fallen lässt.

Nietzsche hat – nach Schopenhauer – gegen alle Systeme der Theodizee eingewandt, dass sich die Welt nicht anders rechtfertigen lasse als dadurch, dass man sie als Kunstwerk *anschaue*. Die Kunst kann das Böse in Schönheit *verwandeln*. Darin wurzelt das Göttliche der Kunst.

Der platonische Einwand dagegen besagt, dass die Kunst unseren Widerstand gegen das Böse, den schönen Schein und die Lüge, schwächt. Doch dieser Einwand missversteht das Wesen der Kunst. Er nimmt das Sinnliche der Kunst wörtlich; er nimmt es ethisch und didaktisch, so, wie jene feministische Autorin, die schrieb, Homers Achill sei ein Vieh.

Neben der platonischen Fehlhaltung existiert eine anti-platonische. Das ist der ästhetische Situationismus. Ihm zufolge ist ein Kunstwerk genau das, was als Kunstwerk bezeichnet wird. Wer als ästhetischer Situationist zu einem Kunstwerk sagt, es sei eines, sagt also in Wahrheit nichts. Er würde zu jedem anderen Ding sagen können, es sei ein Kunstwerk, und das wäre dann genauso wahr.

Der ästhetische Situationismus ist eine Ausdrucksform des modernen Nominalismus. Der Nominalist sagt, es gibt kein Wesen der Dinge oder der Welt. Daher gibt es auch kein Wesen der Kunst. Andy Warhols *Brillo*-Boxen, industriell gefertigtes Verpackungsmaterial für *soap pads*, seifige Metallschwämme zum Reinigen von Kochtöpfen, sind in dem Moment Kunstwerke geworden, in dem sie ausgestellt wurden (Stable Gallery, New York 1964). Sie sind *wirklich* Kunstwerke geworden, nicht bloß Kunstwerke in Anführungszeichen. Aber das macht hier keinen Unterschied mehr. Denn sie blieben, was sie waren: profan, mit dem ironischen Anspruch, im Kunstraum an der Verklärung teilzuhaben.

Dadurch wurde das Museum, als ein Ort der verklärten Dinge, seiner Aura entkleidet. Die moderne Travestie der ästhetischen Wandlung spielt in Lagerhallen. Als Travestie des Schönen ist sie Teil jener Entwicklung, die darin besteht, dass schließlich nichts mehr in der Welt über die Welt hinausweist, auch die Kunst nicht.

Der ästhetische Nominalismus ist, neben dem Subjektivismus der Werte, eine weitere Maske des Dämonischen. Sein Axiom lautet: Es ist wie es ist.

Das Dämonische hört, solange die Welt besteht, nicht auf, von der Welt Besitz zu ergreifen. Dabei geht es um immer das Gleiche: Immanenzverdichtung bis hin zum Äußersten. Auch der Kunst soll alle Erinnerung an den Ursprung und die Quelle ihres Lebens genommen werden.

X
DER EWIGE FEIND

1. Der Abgrund, der nach dem Abgrund ruft

Carl Schmitt, *Glossarium*, 3. 11. 1947: «Die Vernichter des Nichtigen vernichten nur sich selbst. Saugkraft des Nichts; abyssus vocat abyssum; jeder klassifiziert sich durch seinen Feind, durch das, was er als Feind anerkennt. Das gilt für den Bruder Straubinger [Hitler], wie auch für diejenigen, die ihn zum einzigen Feind erklären und ihn durch Kollektivverantwortlichkeit am Leben erhalten.»[100]

Was steckt hinter dieser Formulierung, abgesehen von der Verbitterung des politisch und moralisch Gedemütigten, der als Kronjurist Hitlers geglänzt hatte, nur, um nach verlorenem Krieg der Ächtung durch die Öffentlichkeit anheimzufallen? Steckt dahinter nicht der Gedanke, dass im Akt der Klassifikation selbst das Moment der Verfeindung angelegt ist? Jeder klassifiziert sich durch seinen Feind. Das bedeutet im Umkehrschluss, dass in der Liebe der Mechanismus des Klassifizierens stillgelegt wird. Der Liebende gibt sich dem anderen hin. In dieser Bewegung ist kein Platz für Abgrenzung und Identifikation. Als Liebender kann man sich selbst weder erkennen noch anerkennen, und der andere wird nicht begriffen, sondern er ist wunderbarerweise *da*. Er ist gleichsam das Absolute, dem alles gebührt; alle Klassifikationen sind ihm äußerlich, die Bewegung zu ihm hin ist grenzenlos, «unendlich».

Das vorbegriffliche *Da*sein des anderen ist aber auch eine Quelle der Angst: «... dass die Unbestimmtheit des Feindes die Angst hervorruft (es gibt keine andere Angst, und es ist das Wesen der Angst, einen unbestimmten Feind zu wittern)».[101] Daraus könnte man ein theologisches Theorem gewinnen: In der Liebe zu Gott streben wir danach, die Angst zu besiegen, welche die Unbestimmtheit des Feindes in uns hervorruft. Gott im Ursprung ist der absolute Feind, das reine vorbegriffliche *Da*, in allen Dingen und nirgendwo. Vor Gott werden wir zum Nichts. Und die wahre religiöse Bewegung bestünde nun darin, eine Beschreibung Gottes zu finden, die es gestattet, ihn bedingungslos zu lieben. Das Christentum kennt eine solche Beschreibung. Sie zu verstehen, bedeutet freilich auch, zu verstehen, dass es sich dabei um *keine* Klassifikation handelt.

Abyssus vocat abyssum, der Abgrund ruft nach dem Abgrund, das Nichtklassifizierbare will sich im Nichtklassifizierbaren verlieren und vollenden: Ist das nicht die Definition der Beziehung des Menschen zu Gott? Schmitt scheint das nicht zu erkennen, weil er Hitler, den «Bruder Straubinger», rehabilitieren möchte: Wenn Schmitt sagt, dass der Vernichter des Nichtigen sich selbst vernichtet, so sagt er damit zugleich, dass Hitler ein Mensch ist «wie du und ich». Hitler ist nichtig, aber so, wie wir im Grunde alle nichtig sind. Er hat Böses getan, aber so, wie wir alle Böses zu tun imstande sind.

Doch das ist nicht wahr: Wir können das Göttliche in Hitler nicht erkennen; wir sind nicht Gott. Hitler ist nicht der Abgrund, im Kreis der mythischen Symbole ist er das Undurchdringliche, der schwarze Stern, in dem alles Licht zu nichts wird. Er ist das, was wir *nicht* sind, solange wir an der Göttlichkeit Gottes teilhaben. Man kann sagen, dass Hitler ein Mensch war, wie wir alle Menschen sind. Indessen, was beweist das? Bruder Straubinger ist unansprechbar, jeder Versuch, ihn zu klassifizieren, schlägt fehl, solange die Klassifikation innerhalb des immerhin verstehbar Menschlichen ihren Platz hat. Der schwarze Stern verschlingt alle Partikel des Lichts, alle Begriffe, die ihm nahe kommen, und so imitiert er das göttlich Absolute. Das ist der tiefere Grund seiner Faszination.

Und der Gott des Carl Schmitt ist ein abscheuliches katholisches Monster. Er kennt kein Mitleiden, er ist gerecht. Die Gerechtigkeit der göttlichen Weltordnung ist unerschütterlich. *Glossarium*, 19. 11. 1947: «Als Gott zuließ, dass hunderttausende von Juden getötet wurden, sah er gleichzeitig schon die Rache, die sie an Deutschland nahmen ...»[102] Die Juden wurden geopfert für Verbrechen, die sie nicht begangen hätten, wären sie nicht geopfert worden. Wörtlich genommen ist das Argument verrückt. Nimmt man es aber nicht wörtlich und stattdessen so, wie es offensichtlich gemeint ist, dann bedeutet es, dass jeder Vernichtungsschlag gegen die Juden immer nur gerecht sein kann.

Es ist zynisch und herzlos, sich auf Carl Schmitt zu berufen, wie das neuerdings westliche Intellektuelle tun, um sich über den antifaschistischen Karneval im demokratischen Europa zu mokieren. Wer von denen, die heute Schmitt gegen den rhetorischen wie den ehrlich besorgten Antifaschismus ausspielen, teilt den verzweifelten und darüber hinaus rabiat antisemitischen Katholizismus Carl Schmitts? Für Schmitt ist der moderne Weltlauf ganz von Dämonie durchdrungen, und die Juden sind das dämonische Volk. Nach Hitlers Anstrengung, dieses Volk zu vernichten, ist die Welt erst recht verjudet.

Glossarium, 17. 12. 1947: «Wie Karl Marx sagt: Die Emanzipation der J. hat sich in der Weise vollzogen, dass die Christen Juden geworden sind [...]. Schließlich soll das ganze Dorf mauscheln.»[103] Alles, was rein ist, wird durch den Teufel bedroht, der sich schon lange nicht mehr als offener, brutaler, klotziger Gegner präsentiert, sondern durch Anpassung bis zur Verwechselbarkeit. Dieser dämonische Gegner verbirgt sich unter der Maske von Professoren und Geistlichen, an vorderster Stelle jedoch stehen die «J.». Und mit den J. praktisch identisch sind die Intellektuellen und Journalisten.[104]

Gott gegen den Teufel, das ist bei Schmitt auch ein historisches Drama: «es handelt sich um die Geschichte, sei es die Heilsgeschichte, sei es die von Menschen gemachte, immer bewusster, immer planvoller mit steigender Intensität des geschichtlichen Bewusstseins (und der totalen Planung) gemachte Geschichte».[105] Die vom Menschen gemachte Geschichte ist Ausdruck einer Dämonie, die vom Menschen der Neuzeit in den Erscheinungsformen der Aufklärung, der Klassik («Goethe-Kult») und des Positivismus Besitz ergriffen hat.

Könnte man bei Schmitt durch die J. kürzen – und damit durch den ganzen katholischen Antisemitismus seines Werks –, dann wäre man nahe bei der *Dialektik der Aufklärung* eines Max Horkheimer und Theodor W. Adorno. Hier wie dort wird die Aufklärung verdächtigt, in der Barbarei zu enden. Hier wie dort finden wir die Verachtung der Masse und ihrer Demokratie, der Masse als Rechts- und Kulturträger. Wohlgemerkt: Es geht um die Masse, die den Anspruch erhebt, Souverän sein zu können – um die aufgeklärte, mündige Masse, einen sich aus scheinbar autonomen Subjekten komponierenden Kollektivwillen, der aber in Wahrheit dem Bösen zum Durchbruch verhilft.

Hier wie dort endet die Aufklärung in der Barbarei. Im einen Fall ist das der Untergang des deutschen Volkes und der Triumph des Juden unter vielerlei Masken, im anderen Fall der Holocaust und das, was im kapitalistischen Westen danach kommt. Die Dialektik der Aufklärung teilt mit der Eschatologie Schmitts die Lehre von der gottlosen Anmaßung des Subjekts. Sie fragt – und sie fragt hier wie Carl Schmitt –, woraus denn dem endlichen Subjekt der Rechtstitel erwachsen könnte, sein eigener, oberster Gesetzgeber zu sein? Woraus kann es diesen Titel gewinnen, wenn nicht daraus, dass es ein sich seiner selbst bewusstes Subjekt ist? Aber eben in dem Gedanken der Selbstgründung, Selbstbegründung, Selbstverabsolutierung, der von der Aufklärung bis zum Idealismus die Geister behext, drückt sich das Dämonische der Neuzeit aus. Es besteht in der Vergottung des Subjekts durch das Subjekt.

Das nährt umgekehrt den Verdacht einer unbegriffenen, verschütteten Alternative, von der allein Rettung zu erwarten wäre. Heidegger sprach wie Hölderlin von der Wiederkehr der Götter. Adorno hingegen, der Anti-Heidegger, schützte sich vor dem Eindringen theologischer Kategorien in sein Werk durch Negativität: Das Absolute darf nicht beim Namen genannt werden, und die Sehnsucht nach Erlösung hat keinen greifbaren Horizont. Horkheimer wiederum flüchtete in die Reaktion, beklagte den Gottesverlust und äußerte Sympathie für den Papst im Kampf gegen die Pille. Das menschliche Subjekt, so Horkheimer, kann letzte Werte vernünftig nicht rechtfertigen, weshalb das menschliche Leben schließlich nur noch als Mittel zum Zweck erscheint.

Das heißt aber, es gibt keine Rettung, und *das* ist es, worauf Carl Schmitt setzt. Mögen die Mächte der Zeit triumphieren, das Heil werden sie nicht herbeizwingen können. Ja, sie sind so tief gesunken, dass ihnen ihre Heillosigkeit – die totale Sonnenfinsternis ihrer Existenz – gar nicht bewusst wird.

Im Unterschied zur Dialektik der Aufklärung hat Schmitt allerdings eine kleine verstockte Theodizee des Bösen zur Hand, so, wenn er Hegel zitiert, *Enzyklopädie* § 248: «Wenn aber die geistige Zufälligkeit, die *Willkür*, bis zum *Bösen* fortgeht, so ist dies selbst noch ein unendlich Höheres als (alle Natur, höher als) das gesetzmäßige Wandeln der Gestirne oder die Unschuld der Pflanze; denn was sich so verirrt, ist noch Geist ....»[106] Hegels Bemerkung an sich scheint durchaus konsequent. Im Bösen das Wirken der Freiheit zu erkennen, bedeutet, sogar in ihm den Ausdruck von etwas zu erfassen, was durch Prädikate wie «absolut» und «göttlich» angedeutet wird.

Die Natur als das Geistlose ist indessen Ausdruck der christlichen Idee, dass Gott in den Dingen der Welt nicht anwesend ist, nicht in den erhabenen Gestirnen und nicht in der zarten Pflanze. Er wirkt in die Welt nur ein über den Heiligen Geist, an dem der endliche Geist des Menschen gnadenhalber teilhat. Deshalb sagt der Katholik Schmitt, dass die dreisteste Beleidigung, die Gott jemals zugefügt wurde, eine Beleidigung, «die alle Flüche der Synagoge rechtfertigt», in dem Wörtchen *sive* liegt, so wie es bei Spinoza verwendet wird: *Deus sive Natura*.[107]

Dass Spinoza Gott mit der Natur identifiziert, hat im spinozistischen Denken seinen Grund darin, dass es nur eine einzige Substanz geben kann. Dieser Gedankengang lässt sich auch so ausdrücken: Es ist unvorstellbar, dass Gott etwas außer sich hat. Demgegenüber glaubt Schmitt, im Namen des katholischen Dogmas zu sprechen, wenn er sogar in den menschlichen Teufeln ein «unendlich Höheres» zu sehen meint, verglichen mit dem geistlosen Stoff.

Schmitt will nicht wahrhaben, dass ein Böses existiert, das den, der es verkörpert, vom *Licht* des Geistes weiter abrückt als den wolkenverhangenen Nachthimmel, der uns immerhin ahnen lässt, dass hinter ihm die Sterne funkeln. Während Gott im Funkeln der Sterne *ist* – er ist dort für Menschen, denen die endlichen Dinge zum Gleichnis des Absoluten werden –, ist Gott in den Gaskammern nur, um mit den Opfern zu sterben. Das ist keine Frage des Geistes, denn Geist ist überall; doch nicht überall ist er *uns* fassbar: in den Sternen schon, nicht aber in Hitler.

2. Ethischer, transhumaner, inhumaner Gott

Wir brauchen keinen Gott der Schlachthöfe mehr, sobald wir in der Lage sind, mit dem Schlachten aufzuhören. Die Frage, ob wir es tun, sobald wir dazu in der Lage sind, ist eine ethische, keine der Theologie.

Kants *Religion innerhalb der Grenzen der bloßen Vernunft* identifiziert die Glaubensausübung mit dem tugendhaften Leben unter der Herrschaft des Kategorischen Imperativs, dem Vernunftgesetz aller Moral. Darin erschöpft sich nach Kant das gottesfürchtige Leben. Alles andere ist Aberglaube, Fetischdienst, Ritualismus. Kants Religionsbegriff schließt ein, wir seien *tatsächlich* in der Lage, unser Schicksal in die Hand zu nehmen und die Übel der Welt zu besiegen. Das ist freilich etwas anderes, als in der Lage zu sein, über die Übel der Welt vernünftig nachzudenken.

Das Grundübel des Lebens ist der Tod. Wir müssten also in der Lage sein, den Tod abzuschaffen. Erst dann könnten wir mit einem kantischen Gott unser Auslangen finden, d. h. einem Gott, dessen Zuwendung sich darauf beschränkt, uns das Sittengesetz ins Herz zu pflanzen, damit wir es zu erkennen vermögen. Der Gott der Aufklärung und der menschliche Titanismus der Neuzeit gehören innerlich zusammen. Ethischer Absolutismus und technische Herrschsucht greifen auf eigentümliche Weise ineinander: Mit dem Schlachten könnten wir bereits aufhören. Nun müssen wir uns bemühen, unsere DNS zu beherrschen, damit wir in die Lage versetzt werden, mit dem Sterben aufzuhören.

Der Größenwahn geht mit der Vorstellung des kantischen Gottes notwendig einher. Solange ich mich dem Tod gegenüber nicht ethisch-aktiv verhalten kann, kann ich auch eines Gottes nicht entbehren, der diese meine Schwäche *kompensiert*. Gegen meine Todesschwäche hilft kein Sittengesetz, sondern nur die Gnade.

Der Gott der Gnade ist indessen kein rein ethischer Gott. Er ist etwas darüber hinaus. Und die Menschen, die in seinem Namen handeln, sehen im Phänomen der Moral nichts Absolutes. Die Moral hat auf die fundamentalen Übel der Welt keine wirklich durchschlagende Antwort. Eine solche Antwort hat nur der Gott, der über die Übel herrscht und sie bejaht – der Gott der Schlacht-höfe, Kriege, Erdbeben.

Das ist auch der katholische Gott des Carl Schmitt. Er herrscht über Auschwitz und bejaht Auschwitz, denn er ist «gerecht». Dabei wird Auschwitz als etwas betrachtet, das zu verhindern niemand in der Lage war – außer Gott selbst. Das Zeichen «J.» steht für ein Grundübel der Welt, und das Weltdrama, das sich um dieses Übel dreht, ist unserem ethischen Wollen und Können entrückt.

Es wäre aber falsch zu sagen, dass die Schwäche des kantischen Gottes den abscheulichen katholischen Gott des Carl Schmitt he-raufbeschwört. Das Monströswerden Gottes ist vielmehr die Folge davon, dass Gott die Gaskammern nicht betritt, weder bei Kant noch bei Schmitt. Er hält sich heraus, und er verhält sich «gerecht».

Glossarium, 19. 2. 1948: «Menschen, die statt der Kirchenglocken nur noch Fabriksirenen hören, sollen an den Gott glauben, der in den Kirchen verehrt wird?»[108]

Kants Kategorischer Imperativ verlangt, stets so zu handeln, dass im anderen die Menschheit, aufgefasst als Kollektivsubjekt der

Vernunft, geachtet werde. Die Menschheit in diesem Sinne ist, wie Kant sagt, ein «Zweck an sich». Daraus folgt, dass der andere niemals bloß als «Mittel zum Zweck» gebraucht werden darf.

Aber mit dem Ansteigen der technischen Potenzen wächst auch der Druck auf die Menschen, sich wechselseitig zu instrumentalisieren und im jeweils anderen das geeignete Mittel zum Zweck zu erkennen. Dieser Vorgang der kollektiven wechselseitigen Instrumentalisierung, bis hin zur Selbstinstrumentalisierung, scheint unvermeidlich. Wir sind dazu da, einander Spaß zu bereiten oder einen Gehirntod zu sterben und als Organteillager zu dienen. Das bedeutet, dass in dem Augenblick, in dem Kants Gott der reinen praktischen Vernunft kulturell zwingend wird, die Grundlage seines Fortdauerns – die Menschheit als Zweck an sich – anachronistisch zu werden beginnt.

Entgegen Schmitts Bemerkung über den Wegfall der Kirchenglocken zugunsten der Fabriksirenen ist unserer Zeit der Gott, «der in den Kirchen verehrt wird», ganz und gar nicht fremd, auch wenn er wenig konsultiert wird. Gewiss, der kantische Gott passt besser zu den Fabriksirenen, doch das ist zugleich seine Schwäche. Er ist, als ein aufgeklärter und rein moralischer Gott, zu tief hineinverwoben in die Kontingenzen und Gewalten, die den Lauf der modernen Welt bestimmen. Zwar hat er uns das Sittengesetz ins Herz gesenkt, doch unsere Moral muss sich bewähren inmitten unserer Lebens- und Wohllebensinstrumente. Es ist ihr nicht möglich, im anderen bloß den Zweck an sich zu sehen. Denn der jeweils andere, der man selbst zugleich auch immer ist (man ist ja immer auch der jeweils andere eines anderen), ist kein unberührbarer Punkt im Geflecht der Interessen und Handlungsfolgen. Mittel zum Zweck zu sein, gehört, so könnte man sagen, zum menschlichen Daseins-Apriori in der modernen Welt.

Zwar haben wir eine Würde, und Selbstbestimmung ist uns ein hoher Wert. Aber es schiene uns unvernünftig, Würde und Selbstbestimmung als absolute Größen, an die nichts und niemand rühren darf, zu behandeln. Man kann das Getriebe so organisieren, dass es möglichst viele möglichst glückliche Rädchen gibt; man kann ihnen jedoch nicht ersparen, Rädchen im Getriebe zu sein, soll nicht die ganze Maschinerie des Wohllebens lahmgelegt werden. Kants Religion innerhalb der Grenzen der reinen Vernunft favorisiert einen Gott, dessen Moral entweder eine für die Rädchen im Getriebe ist oder aber den Rädchen im Getriebe – uns – nicht wirklich als vernünftig einleuchtet. Ein solcher Gott ist, gerade weil er Moral und Vernunft identifiziert, sehr schwach und letzten Endes unglaubwürdig. Denn er fügt sich in das, was Heidegger als «Ge-Stell» charakterisierte, das heißt, in den alles durchdringenden Geist der Technizität als einer Bedingung der Möglichkeit, alle Lebensbereiche, von der Geburt bis zum Tod, vollständig zu ethisieren.

Der Gott der Kirchen bleibt ungerührt. Vor ihm erscheint alle «gestellhafte» Moral als eine Form des Dämonischen. Das macht es heute schwer und paradox, ihn anzurufen: Es ist, als ob man danach verlangte, inhuman zu werden.

Das göttlich Transhumane ist nicht gleich das Inhumane. Der Glaubensritter bei Kierkegaard folgt den Befehlen Gottes auch dann, wenn sie nach den Maßstäben einer jeden menschlichen Moral abscheulich sind. Abraham ist bereit, seinen Sohn Isaak zu töten. *Doch das ist ein Gleichnis.* Es ist ein Gleichnis für die absolute Macht Gottes. Die richtige Auffassung des Gleichnisses setzt voraus, dass Gott nichts anordnet, was der Mensch als unmoralisch begreifen *muss.* Deshalb wird im Gleichnis Abraham davor bewahrt, seinen Sohn zu töten.

Vom transhumanen Wesen Gottes gilt: Gott tut das Gute nicht, weil es gut ist, sondern das Gute ist gut, weil Gott es tut. Daraus folgt nicht, dass Gott etwas tut, was nach menschlichen Maßstäben inhuman wäre. Aus dem Gleichnis des Transhumanen geht vielmehr hervor, dass das Transhumane nicht gleich das Inhumane ist.

In der Welt Carl Schmitts hingegen stehen gewisse Formen der Inhumanität *als legitime Gleichnisse* für das Transhumane – für die

Position des Absoluten, die der Gott der Kirchen einnimmt. Die zentrale Form der Inhumanität, auf die sich das schmittsche Denken stützt, ist der Antisemitismus. Gott selbst ist Antisemit, weil der Antisemitismus Gottes «gerecht» ist – und die Frage, was denn hier gleichnishaft sei, stellt sich in Wahrheit gar nicht. Das Gleichnis wird beim Wort genommen: Der Gott, der *im Gleichnis* hinter Auschwitz steht, rechtfertigt den *realen* Völkermord. So entsteht das Monster, das der katholische Antisemitismus als Gott verehrt.

Glossarium, 23. 4. 1949: «Bilde Dir nicht ein, bei diesen demütig grienenden Intriganten Hilfe zu finden, wenn die Mörder Christi Dich verfolgen, dieses Mal im Namen Christi und als Opfer von Christenverfolgungen sich ausgebend, um dreihundertprozentige Entschädigungsansprüche einzukassieren. Menschlich gesprochen ist es schamlos, von einem Menschen das Maß an Demütigung, Selbstverneinung und Hoffnungslosigkeit zu verlangen, das in der Nachfolge des Gepfählten liegt. Ich bin jetzt einer der Gepfählten.»[109]

Man könnte argumentieren, dieser Text sei nicht ernst zu nehmen, er zeige bereits krankhafte Züge. Doch so einfach liegen die Dinge nicht. 1949 hat Carl Schmitt realisiert, dass seine akademische Umwelt nicht wieder zur Tagesordnung übergehen und sein Werk in dem Maße und in der Weise zitieren würde, wie Schmitt dachte, dass es ihm zustünde. Nachdem er jahrelang Führerdiktatur, Angriffskrieg und Arisierung juristisch abgesegnet hatte, hatte er nach 1945 gehofft, mit seinen Universitätskollegen erneut in einen Diskurs von Gleich zu Gleich eintreten, ja eine führende geistige Rolle im deutschen Nachkriegsjuristenleben spielen zu können. Dass man ihn im Gegenteil ohne Ansehen seiner wissenschaftlichen Leistungen angreifen, ihn auch als Autor moralisch brandmarken und schließlich sein Werk totschweigen würde, schien er erst für möglich zu halten, als es bereits geschehen war. Seine schier endlose Erbitterung fand zudem reichlich Nahrung im Opportunismus vieler Mitstreiter und Kollegen von einst.[110]

Was sich zunächst notdürftig unter einem «J.» verbarg, wird nun offen und offensiv ausgesprochen. Nicht die Juden sind die Opfer, sondern die aufrechten Deutschen, Schmitt und seinesgleichen. Schmitt selbst ist einer der «Gepfählten». Er ist einer jener Märtyrer, die um Jesu willen leiden und sterben.

Der Text dreht, indem er in die nahe Zukunft vorauseilt, die Schraube der Demütigung noch eine Windung weiter. Nach dem Krieg sind einige von Schmitts Freunden wegen diverser «Verbrechen gegen die Menschlichkeit» abgeurteilt und hingerichtet worden. Nun malt sich Schmitt aus, wie der typische Vertreter der Menschenrechte in der Aufforderung, Jesu nachzufolgen, also im urchristlichen Akt, ein Verbrechen gegen die Menschlichkeit, ein *crime contre nature*, erblicken wird: «Kommt noch. Hier sind noch viele fette Prosekutorenposten zu besetzen.»[III]

3. Der 12. März 2000

12. März 2000: Der Papst entschuldigt sich dafür, was die Christen im Laufe vieler Jahrhunderte den Juden angetan hatten. Dadurch wäre Carl Schmitt, hätte er noch gelebt, die denkbar größte Schmach zugefügt worden, der Pfahl der Pfähle. Vor diesem Papst, der demütig um Vergebung bat, hätte ihm gegraut, nicht weniger als vor dem Antichristen.

Und in der Tat: Im Gegenbild, das uns Carl Schmitts unverstellter Katholizismus bietet, fragt man sich ernsthaft, wie ein Christentum ohne Antisemitismus möglich sein sollte. Es gibt die Christen, die Heiden und die Gottesmörder: Das ist der mythische Stand der Dinge. Und zugleich ist es auch der Glaubensstandpunkt. Hat nicht Gott selbst sein Volk mit Blindheit geschlagen (so, wie er einst das Herz des Pharaos verhärtete), damit es den Messias nicht erkenne und anerkenne? Und liegt nicht darin der mystische, vom Menschen nicht aufhebbare Grund der immerwährenden

Feindschaft zwischen Juden und Christen? Ist es theologisch nicht zwingend, in den Juden und Christen die ewig verfeindeten Brüder zu sehen?

Wofür also hat sich der Papst entschuldigt? Für die an den Juden begangenen Ungerechtigkeiten, Grausamkeiten, Schand- und Mordtaten, gewiss. Doch hat er sich auch dafür entschuldigt, der verfeindete Bruder und als solcher *im Recht* zu sein? Im Einklang mit dem katholischen Antisemitismus sagt Carl Schmitt: Der Jude ist *der* Feind (während die anderen religiösen Feinde bloß Heiden sind). Und Schmitt hätte anlässlich der päpstlichen Entschuldigung die Frage gestellt: Wenn aus der Freund-Feind-Konstellation, wie sie für Juden und Christen für alle Zeiten festgeschrieben ist, *nichts* mehr folgt, was ist dann eigentlich der Sinn des Christentums?

Es lässt sich nicht leugnen: Im schlechten Fall beginnt jenseits des christlichen Antisemitismus das Feld der unverbindlich christomorphen Phraseologien: Gott ist die Liebe etc. Im besseren Fall jedoch liegt dort das Operationsgebiet der kantischen Religion – einer Religion innerhalb der Grenzen der bloßen Vernunft, die den Gehalt des Religiösen mit dem begründbar Sittlichen identifiziert. Aber so, wie die kantische Vernunft streng universal ist, ist ihr Subjekt-Objekt die Menschheit insgesamt. Demnach gibt es keinen Feind, der es nicht zuließe, dass die Menschheit *eine* ist, und die Freund-Feind-Doktrin des Carl Schmitt erweist sich im Ursprung und in der Essenz als ein verhängnisvolles Hirngespinst.

Die Frage ist nur, ob der Papst *das* wollte und meinte. Die Frage ist, wie wir wissen, rhetorisch. Sie hat eine Antwort, die auszusprechen im Augenblick nicht opportun scheint. Aber es gibt diese Antwort im Geheimen, im katholischen Herz der Finsternis, und sie ist ein Teil der Aktualität des inaktuellen Carl Schmitt.

«... aber dort, dort werd ich schauen / süßen Frieden, stille Ruh»

Die Paradieseserzählung zeigt uns die ersten beiden Menschen im Glück – in der Seligkeit des ewigen Lebens, das ihnen vom Vater, der sie schuf, versprochen wurde. Im Garten Eden brauchen sie den Tod nicht zu fürchten und auch nicht die Übel des Lebens: weder Knappheit noch Schmerz, noch irgendein anderes Leid. Doch in der Mitte des Gartens steht der Baum, von dessen Früchten sie nicht essen dürfen. Die Schlange sagt: Wenn ihr esst, werdet ihr allwissend werden wie der Vater. Sie essen, und sie merken, dass sie nackt sind. Adam und Eva haben ihre Unschuld eingebüßt. Doch worin bestand sie? Haben wir es hier mit einem Gleichnis zu tun, das auf eine sexuelle Verfehlung hinweist? Wohl kaum.

Die Schlange hat die Wahrheit gesagt und doch geschwindelt. Wir fühlen uns betrogen, weil wir nicht alles wissen. Es kann kein Paradies geben, solange wir vom ganzen Wissen ausgeschlossen bleiben. Aber andererseits hängt unser ganzes endliches Ich daran, dass wir eine Perspektive haben. Wir haben gar keinen widerspruchslosen Begriff davon, was es heißen könnte, alles zu wissen. *Das* ist es, was wir lernen, wenn wir über die Absolutheit Gottes nachdenken. Allwissenheit und jene Art von Begrenzung, durch die unser individuelles Sein als ein selbstbewusstes Sein überhaupt erst möglich wird, schließen einander aus.

Die Menschen im Garten Eden könnten das Ziel, allwissend zu werden, nur erreichen, indem sie aufhören, als Individuen zu existieren. Das wäre dann, vom menschlichen Standpunkt aus betrachtet, so gut wie der Tod. Gott lässt die Menschen sterblich werden. Dadurch lässt er sie wissen, dass ihre Situation im Garten Eden auf einer Illusion beruhte. Es ist die Illusion aller Kinder, die sich im Vater geborgen fühlen. Der Vater ist das umfassende Ich. Indessen, wenn der Vater allwissend ist, dann ist er nicht ansprechbar. Vom endlichen Standpunkt aus betrachtet ist nichts, was absolut ist, mit einer Individualität ausgestattet, so dass es möglich wäre, sich dem Absoluten zu nähern, es zu lieben und zu umfangen, um selbst umfangen und beschützt zu werden. Das war die Illusion: Der Vater wandelt durch den Garten, er ist da, bei uns.

Für Adam und Eva wäre es keine Erlösung vom Stachel des Nichtwissens gewesen, vollkommen sehend zu werden; denn dann hätten sie aufgehört, zu sein. Sehend wurden sie aber insofern, als sie erkannten, dass sie endlich und also vom Vater durch einen Abgrund an Fremdheit getrennt sind.

Deshalb verfluchen wir die Schlange. Sie beließ uns nicht in der seligen Illusion, der Vater wandle mit uns im Garten. Indem sie uns begreifen machte, was es heißt, sich als endliches Wesen seiner selbst bewusst zu sein, hat sie den Schleier von uns genommen, ohne uns doch allwissend machen zu können. Die Schlange konnte uns nicht töten, aber sie ist der Ursprung des unglücklichen Bewusstseins.

Wir gehen ein in Gott, kann nur heißen, dass wir aufhören, die zu sein, die wir sind. Wir sterben wirklich. Das ist der Stachel, wir fühlen uns betrogen. Denn dass ich *sehen* will, bedeutet, dass *ich* sehen will. Dennoch ist dieses beklemmende Gefühl, durch den Tod um das Leben betrogen zu werden, Ausdruck einer allzu subjektzentrierten, die Endlichkeit unseres Ich verabsolutierenden Sicht der letzten Dinge. Gott hat nichts außer sich. Er ist das Subjekt, das sein Objekt *ist*. Er ist das unbedingte, absolute Sein. Einzugehen in Gott, kann nicht heißen, als die, die wir sind, weiter zu bestehen, nur eben in einer Welt, die man sich als die gleichsam paradiesische Fortsetzung der unseren zu denken hätte.

Das beste Bild für die Verwandlung, die wir im Tod erfahren, ist der Schlaf als «süßer Friede, stille Ruh». In den glücklicheren Stunden unseres Lebens mögen wir der Kantate von Bach lauschen, und es mag uns beseligen, zu hören, wie sie den anrührenden Text eines pseudonymen und vielleicht längst vergessenen Autors umspielt:

Schlummert ein, ihr matten Augen,
Fallet sanft und selig zu!
Welt, ich bleibe nicht mehr hier.
Hab ich doch kein Teil an dir,
Das der Seele könnte taugen.
Hier muss ich das Elend bauen,
Aber dort, dort werd ich schauen
Süßen Frieden, stille Ruh.

Das Schauen, von dem in Bachs Kantate die Rede ist, ist für uns, die wir von einem endlichen Standpunkt aus auf das Geheimnis der Verwandlung blicken, nicht zu unterscheiden vom Schlaf. Und doch ist dieser Schlaf, der Schlaf des Todes, eine Art Schauen. Wir «schauen», als Verwandelte, die ihr endliches Ich abgestreift haben.

«Es gibt keinen Vater im Himmel, denn es gibt keinen Himmel.» Das sind die Worte des Überernüchterten. «Der Himmel ist eine Illusion des menschlichen Auges. Dort oben und da draußen, da ist nichts als Kälte und Nacht, Hitze und Masse.»

Doch auch *das* ist eine Illusion, abhängig von unserer Perspektive, der Arbeitsweise und Fassungskraft unseres Gehirns. Was wir den Himmel nennen, das ist, philosophisch gesprochen, die Rücknahme der Entzweiung, des Risses, der durch die Welt geht, seit dem Heraufdämmern der Subjektivität, die sich selbst als endlich und einem Objekt gegenüber erfährt. Was wir in unseren kindlichen Malereien den Himmel nennen, dazu gibt es eine strenge Analogie: die Heilung des Risses. Und so gibt es auch zum Vater im Himmel eine Analogie, die das kindlich Bildhafte und Anstößige in der Vaterfigur transzendiert: den Gott, der zugleich persönlich und alles ist.

Gott ist ein Ich, das alle Perspektiven in sich vereint. Für uns ist das kein möglicher Zustand, weil für uns mit dem Ich das Nicht-Ich mitgesetzt ist. An dieser Grenze, die wir nicht überschreiten können, entzündet sich unsere Trostlosigkeit angesichts des Todes. Ich werde Abschied nehmen müssen, für immer. Doch auch der Klage des Abschieds, die uns über die Zeiten hinweg tief berührt, haftet etwas Kindliches an, etwas, das abgelegt werden sollte. Die Klage muss einer reiferen Einsicht Platz machen.

Alle Transformationen des Ich muten uns an wie der Tod. Keine können wir uns vergegenwärtigen.

Und dennoch wissen wir, dass es ein Bewusstsein ohne Selbstbewusstsein gibt. Wir sind zwar außerstande, uns einen Schmerz vorzustellen, der uns plagt, ohne zu wissen, *dass* er uns plagt. Dessen ungeachtet haben Tiere Schmerzen, so wie sie Empfindungen des Wohlbefindens haben, obwohl sie weder von dem einen noch von dem anderen etwas wissen. Denn die meisten Tiere haben kein Selbstbewusstsein.

Wie kann man etwas empfinden, ohne zu wissen, dass man etwas empfindet? Es gibt ein Gesetz der Transformation: Der Transformierte sieht alles durch die Brille des Verwandelten. Und es gibt eine Hierarchie der Transformationen: Das glückliche Schwein kann sich nicht überlegen, wie es wäre, ein trauriger Philosoph zu sein, aber der traurige Philosoph kann sich überlegen, wie es wäre, ein glückliches Schwein zu sein. Die Grenze des Philosophen liegt freilich dort, wo er sich fragt, wie sich ein Glück, von dem man nichts wissen kann, «anfühlt». Der Philosoph sieht durch seine Brille mehr als das Schwein, aber auch er kann seine Brille nicht abnehmen. Er wird niemals eine Vorstellung davon haben, wie es ist, ein glückliches Schwein zu sein.

Angenommen, ich würde vor die Wahl gestellt, zu sterben oder in ein glückliches Schwein verwandelt zu werden. Welche Wahl wäre die Bessere? Eine erste, intuitive Antwort lautet: Das hängt davon ab, was nach dem Tod auf mich wartet. Doch andererseits: Ist für mich der Verlust des Selbstbewusstseins nicht *so gut oder so schlecht wie der Tod*? Warum sollte ich nach dem Glück des Schweins streben, wenn ich dann ein Wesen bin, das von seinem Glück nichts wissen kann? Für den Menschen heißt glücklich zu sein immer *auch*, zu wissen, dass er glücklich ist. Das ist sein Begriff von Glück, und einen anderen hat er nicht.

Und doch zweifeln wir keinen Augenblick daran, dass Tiere zu vielerlei Arten des Empfindens fähig sind. Wir denken uns das Glück des Schweins nach unserem eigenen Muster, was, streng genommen, auf einer Illusion der Nähe beruht. Dennoch: *Etwas* bleibt durch die Differenz hindurch gleich, wir sind nur außerstande, *von innen her*, von der Warte des selbstbewussten Wesens aus, zu sagen, *was* dieses Gleichbleibende ist; wir wissen aber, dass es sich dabei um etwas handelt, was wir «Glück» nennen.

Von dieser Warte aus gesehen wird dann auch verständlich, dass es ein Bewusstsein geben muss, das höher ist als das unsere. Selbstbewusstsein, wie wir es kennen, kann nicht die höchste Form des Bewusstseins sein, denn es eröffnet keine Möglichkeit zu wissen, wie es ist, Gott zu sein, oder auch nur teilzuhaben an seiner Weise, die Dinge zu «sehen». Wir wissen nicht, was es bedeutet, die Welt als das zu sehen, das man *ist*. Aber wir wissen, dass es eine solche Art des «Sehens» geben muss, andernfalls wäre es vollkommen unverständlich, dass überhaupt etwas *da* ist.

Nichts Bedingtes trägt sich selbst. Auch unser Selbstbewusstsein trägt sich nicht selbst. Und doch gibt es einen Punkt der Unbedingtheit: das Subjekt, das ich bin. Obwohl ich dieses Subjekt bin, entgleitet es mir bei dem Versuch, es zu bestimmen. Es ist der Horizont, der sich immer weiter zurückzieht, je mehr wir ihm zustreben. Wir *sind* dieser Horizont, und das heißt: Wir sind niemals ganz bei uns. Gott zu sein, heißt demgegenüber, diesen Horizont immer schon überschritten zu haben, ganz bei sich zu sein durch alle Bewegung hindurch. Da wir immer nur unser eigener Horizont sind, ist es uns nicht möglich, zu wissen, wie es ist, Gott zu sein (so wie das glückliche Schwein nicht wissen kann, wie es ist, zu wissen, dass glücklich ist).

Um der Trostlosigkeit des Todes zu entgehen, dürfen wir unserem kindlichen Wunsch, nach dem Tod möge unser Leben weitergehen – nun aber als das Leben, das aus der Fremde und Entfremdung für immer in seine angestammte Heimat zurückkehrt – nicht einfach ad acta legen. Wir müssen uns davor hüten, als Überernüchterte zu enden. Stattdessen sollten wir danach streben, dem Gedanken der Transformation einen glaubwürdigen Ausdruck zu verleihen. Andernfalls haben wir der Trostlosigkeit des Todes tatsächlich nichts weiter entgegenzusetzen als den Gedanken der Euthanasie: des «schönen Sterbens», vollzogen vor einer Kulisse starrender Sinnlosigkeit am Ende des letzten Akts.

Was wir brauchen, ist eine Kultur, die das individuelle Bewusstsein in seinem Wert gerade dadurch bestätigt, dass sie es auf einen Horizont bezieht, den zu erreichen uns unmöglich ist, solange wir am endlichen Leben teilhaben. Das Leben einer Kultur hängt davon ab, ob sie beseelt genug ist, sich an diesem Horizont – dem Horizont der Verwandlung – auszurichten.

Anmerkungen

1 Bayley 2000, S. 162. John Bayley, Warton-Professor für englische Literatur an der Universität Oxford, war mit Iris Murdoch, der Schriftstellerin und Philosophin, seit 1953 verheiratet; 1999 starb Murdoch an den Folgen der Alzheimerschen Krankheit.

2 Anselm 1962, S. 77.

3 Auf den folgenden Seiten wird eine Reihe von Themen entwickelt, die bereits in meinen Publikationen der vorangegangenen Jahre eine wichtige Rolle spielten. Erwähnt seien zwei Monographien: (1) *Journal der letzten Dinge*, 1998. Ein Nachdruck dieses Buches erschien 1999, worin viele Fehler des Erstdrucks ausgemerzt sind. Leider trägt diese Ausgabe ebenfalls die Jahresangabe '98. (2) *Der Weg nach draußen. Skeptisches, metaphysisches und religiöses Denken*, 2000.

4 Vgl. Röm 2,25–29.

5 Obwohl im Folgenden von «Theologien» die Rede ist, sind damit in erster Linie nicht einzelne Lehrgebäude gemeint, sondern typische Vorgangsweisen, die sich bei einzelnen Autoren mehr oder weniger stark ausgeprägt finden und häufig miteinander kombiniert werden. Einem großen Teil des modernen theologischen Denkens liegt die Vorstellung zugrunde, dass man die Texte der Offenbarung einer «zeitgemäßen Interpretation» unterziehen müsse. Damit wird gesagt, dass man die Texte nicht wörtlich nehmen darf. Die im Folgenden skizzierten Deutungsstrategien rücken also jeweils eine bestimmte Weise, den Text *nicht* wörtlich zu nehmen, ins Zentrum. Dabei soll stets das Gleiche erreicht werden, nämlich eine Interpretation der Heiligen Schrift, die vor dem Richtstuhl der Vernunft bestehen kann. Das aber ist im Kern ein Anliegen des religiösen Universalismus, auch wenn der christliche Theologe bloß nach einer innerchristlich akzeptablen Interpretation sucht. Denn indem er das Innerchristliche an die allgemeine Vernunft anbindet, unterwirft er es einem Rationalitätskontext, dessen Wahrheitsansprüche absolut, d. h. transkonfessionell und kulturell exzentrisch, sind.

6 James 1979, bes. S. 314 («Die Götter, zu denen wir stehen, sind die Götter, die wir nötig haben und gebrauchen können …») und S. 470 («Gott ist real, weil er reale Wirkungen hervorbringt»).

7 Hick 1995.

8 Huizinga 1975, Kap. XIV–XVI.

9 Weil 1998, S. 175 f.

10 Diese Position versucht, die Sprechakttheorie von John Austin für die Theologie zu nutzen. Außerdem kann sie sich auf Wittgensteins Gedanken stützen, wonach es keineswegs die einzige Funktion der Sprache sei, mit Begriffen

Dinge zu benennen und mit Sätzen Sachverhalte zu beschreiben. Wittgensteins Theorie der Sprachspiele geht davon aus, dass das Aufstellen von Behauptungen, die historisch und empirisch prüfbar sind, nur für bestimmte Sprachspiele, z. B. die Historiographie, gilt, nicht aber für andere, etwa jenes der Religion. Von diesem Sprachspiel sagt er gelegentlich, dass es gar kein historisches Beweisspiel sei, sondern grundsätzlich anders funktioniere, als Schrei, als Seufzer, als Ausdruck einer religiösen Haltung. Vgl. dazu besonders Wittgensteins Notate aus dem Jahre 1937 in den *Vermischten Bemerkungen*. In die angedeutete Richtung geht auch Johann Baptist Metz, wenn er die Gebetssprache zur eigentlichen Sprache des Glaubens erklärt und hinzufügt, sie dürfe nicht bloß als die Sprache der Kirche oder der frommen Untertanen verstanden werden, die beim Beten bestimmte Dogmen als wahr voraussetzen. Vgl. Metz 1995, S. 106 ff.

11 Wittgenstein 1989, S. 32.

12 Kierkegaard 1962, Nr. II, S. 69 ff.

13 [Bibel] 1985, S. 1652.

14 Röm 2,14–15.

15 Röm 3,21–22.

16 Vgl. *Kritik der reinen Vernunft*, A 695 ff./B 723 ff., wo es u. a. heißt: «Ist endlich [...] die Frage: ob wir nicht wenigstens dieses von der Welt unterschiedene Wesen nach einer *Analogie* mit den Gegenständen der Erfahrung denken dürfen? so ist die Antwort: *allerdings*, aber nur als Gegenstand in der Idee und nicht in der Realität, nämlich nur, sofern er ein uns unbekanntes Substratum der systematischen Einheit, Ordnung und Zweckmäßigkeit der Welteinrichtung ist [...].»

17 Vgl. Kant 1968c, S. 176.

18 Otto 1987, S. 6.

19 Ebenda, Kap. 16 (S. 137 ff.) u. 19 (S. 165 ff.).

20 Strasser 1998, S. 116.

21 Man kann diesen Vorgang bei einem Autor wie Peter Handke gut studieren. In seinen Journalen dominiert seit der *Geschichte des Bleistifts* (1982) eine zarte Naturbewunderung, die sich vor den profanen Realitäten des Lebens auflöst wie ein ungreifbares Nebelgespinst. In Handkes Erzählungen wiederum findet man immer wieder Erlösungsaugenblicke, die freilich an Bewusstseinszustände gebunden sind, welche über die Geschichte des Helden oder der Heldin kaum hinausreichen. Alles geht hier in Richtung Privatmystik, noch dazu einer, die zu den Übeln der Welt nichts zu sagen hat. In einer Erzählminiatur mit dem Titel *Versuch des Exorzismus der einen Geschichte durch eine andere* (enthalten in *Noch einmal für Thukydides*, 1995) hat Handke auf das angesprochene Problem reagiert. Der einstige Ort der Nazigräuel liegt wie verzaubert in der Sonntäglichkeits-Stille, ein blauer Falter dreht sich in der Sonne und landet auf einer Schiene des Bahnhofs – «und die Kinder von Izieu schrien zum Himmel, fast ein halbes Jahrhundert nach ihrem Abtransport, jetzt erst recht» (S. 87). Dieses

«jetzt erst recht» wirkt angesichts des Umstandes, dass das Idyll *da* ist, doch einigermaßen rhetorisch.

22 Die Konversion zum Katholizismus, verbunden mit einer schwärmerischen Auffassung vom christlichen Mittelalter, war eine Spezialität der Romantik, wird aber auch späterhin noch vereinzelt zelebriert, so etwa bei dem Ex-Dadaisten Hugo Ball. Vgl. dessen Erinnerungs- und Bekenntnisbuch *Die Flucht aus der Zeit*, 1992.

23 Ähnlich unsinnig wäre es zu behaupten, die Relativitätstheorie sei nicht «universalisierbar», weil sie in Europa formuliert wurde und daher notwendig «eurozentrische» Züge trage.

24 Huizinga 1975, S. 286.

25 Nebenbei gesagt: Der absolut leere Raum ist *keine* sinnvolle Vorstellung, es sei denn, man denkt sich zu dem leeren Raum einen Beobachter dazu, der feststellt, dass der Raum leer ist. Dann freilich ist der Raum nicht mehr leer, denn es gibt einen Beobachter des leeren Raumes. Durch diesen Beobachter ist das Bezugssystem festgelegt, aus dessen Existenz erst die Existenz der Raumpunkte entspringt, von denen gilt, dass sie «leer» sind bis auf jene Punkte, die vom Körper des Beobachters eingenommen werden. Ohne Beobachter kein Bezugssystem und ohne Bezugssystem kein Raum. (Es hat übrigens auch keinen Sinn, den Beobachter als eine cartesische *res cogitans*, eine unräumliche geistige Substanz, zu denken. Der leere Raum ist vielmehr nur denkbar als der Raum, in dem genau ein Körper existiert, zu dem sich der Beobachter selbst in Beziehung setzen kann, um so überhaupt erst Beobachter sein zu können: Dieser Körper ist der Körper des Beobachters.)

26 «Ich *war* die Wurzel des Kastanienbaumes. Oder vielmehr, ich war ganz und gar Bewusstsein ihrer Existenz. [...] ich war drin; der schwarze Baumstamm *ging nicht hinunter*, er blieb da, in meinen Augen, wie ein zu dicker Brocken in einer Kehle stecken bleibt.» Sartre 1982, S. 149 f. Zu einer genaueren Analyse dieser Episode vgl. den Abschnitt «Der Augenblick der Philosophie» in Strasser 1998, S. 182 ff.

27 *Summa theologiae* 1–2, Frage 94, Artikel 2.

28 Hesiod 1997, S. 15.

29 Ovid 1994, S. 7.

30 Es muss ernsthaft bezweifelt werden, ob der Versuch, für den Leser von heute die alten Texte verständlicher zu machen, indem man u. a. stärker auf «das Gemeinte» abstellt, immer das beste Ergebnis zeitigt. Genesis 1,2 lautet in der Übersetzung der jüdischen Bibel: «Und die Erde war öd' und wüst, und Finsternis auf der Fläche des Abgrundes, und der Geist Gottes schwebend über der Fläche des Wassers.» ([Bibel] 1997.) Die «Finsternis auf der Fläche des Abgrundes» ist nicht nur das exakte, sondern m. E. auch das poetisch viel stärkere Bild als jenes von der «Finsternis über der Urflut», und das vor allem, weil es weniger didaktisch, «logisch» im Gemeinverstand, und mehr mythologisch-

traumhaft ist. «Öd' und wüst» wiederum gibt die Aspekte der Leere *und* der Unordnung als Elemente des Chaos viel besser wieder als «wüst und wirr», auch wenn die Alliteration in *tohu* und *bohu* nicht nachgeahmt wird.

31 Zitiert nach Capelle 1968, S. 167.

32 Davies 1988, S. 80.

33 Ebenda, S. 50.

34 Ebenda, S. 243.

35 Stöltzner/Thirring 1994, S. 245.

36 Ebenda, S. 246.

37 Ludwig 1962, S. 26. – Ich danke Christian Tutschka von der Technischen Universität Wien, dass er mich sowohl auf den Artikel von Stöltzner/Thierring als auch auf Ludwigs Buch aufmerksam gemacht hat.

38 Diels-Kranz, B 1.

39 Strauß 1992, S. 9.

40 Auster 1988, S. 217 u. 298: «In the end, each life is no more than the sum of contingent facts, a chronicle of chance intersections, of flukes, of random events that divulge nothing but their own lack of purpose. [...] But that was the thing that thrilled me – the randomness of it, the vertigo of pure chance. It made no sense, and because of that, it made all the sense in the world.» (Übersetzung von P. S.)

41 Der Unterschied zwischen empirischer und personaler Verursachung wird erläutert in Chisholm 1989, S. 5–15. Gegen das Konzept der personalen Verursachung (d. h. jener Art von Verursachung, bei der *ich* es bin, der etwas herbeiführt) wird oft eingewandt, es sei mysteriös. Dazu merkt Chisholm an, dass das Konzept der empirischen Verursachung nicht weniger unklar und darüber hinaus abgeleitet sei. Denn während wir aus eigenem Erleben wissen, was es heißt, Dinge durch Handlungen herbeizuführen, verstehen wir *nicht*, was der Unterschied zwischen dem bloßen Hintereinanderauftreten von zwei Ereignissen und der Verursachung des einen durch das andere ist, solange wir nicht das Wissen bemühen, das wir aufgrund eigener Erfahrung mit Dingen erwerben, die wir selbst herbeiführen.

42 Und Weil fährt fort: «insbesondere aber seine eigenen vergangenen Sünden, insofern sie vergangen sind (denn insofern ihre Wurzeln noch vorhanden sind, soll man sie hassen)».

43 Brief an Pater Jean-Marie Perrin, 19. Januar 1942, zitiert in Weil 1979, S. 85 f.

44 Handke 1998, S. 43.

45 Paglia 1992, S. 123.

46 Augustinus 1991, S. 11.

47 Dass es eine «Singularität» gab, d. h. einen Zustand, in dem die Naturgesetze keine Geltung mehr haben, ist natürlich eine Annahme, die physikalisch gar nicht befriedigt. Deshalb hat Stephen Hawking versucht, die Idee einer endlichen und dabei geschlossenen Raumzeit zu präzisieren. Demnach müsste gelten: In welche zeitliche Richtung man sich im Universum auch bewegt, man würde auf keinen

Rand und keine Singularität stoßen (etwa so, wie man sich auf der endlichen Erdoberfläche bewegen kann, ohne an eine Grenze zu stoßen). Hawkings Theorie ist jedoch extrem spekulativ und hoch umstritten. Vgl. Hawking 1991, S. 173.

48 Davies 1997, S. 152.

49 2 Kor 5,4.

50 [Bibel] 1999, S. 121. – In den folgenden Zitaten aus dem NT wird diese Übersetzung bemüht, ansonsten stets die Einheitsübersetzung, [Bibel] 1985.

51 Röm 3,23.

52 Vgl. Ex 11,5 u. 12,12.

53 Röm 9,18–24.

54 Mk 14,36.

55 Dem ließe sich entgegenhalten, dass es manchmal besser ist, die Unwahrheit als die Wahrheit zu glauben, nämlich dann, wenn ein Wissen um die Wahrheit großes Unglück zur Folge hätte, z. B. wenn ein Todkranker, der zur Zeit ein zufriedenes Leben führt, darüber informiert würde, dass er schon sehr bald sterben muss. Doch das ist kein Gegenbeispiel. Denn nicht an die Wahrheit zu glauben, ist nicht immer das größte Übel, woraus freilich nicht folgt, dass an die Unwahrheit zu glauben kein Übel wäre. An die Unwahrheit zu glauben, ist im Falle des Todkranken vielleicht das kleinere Übel, d. h. ein Übel, das angesichts der drohenden Alternative (des Wissens um den bevorstehenden Tod als des größeren Übels) in Kauf genommen werden darf oder sogar in Kauf genommen werden sollte.

56 Jes 29,16.

57 Nagel 1974, S. 435–450.

58 Davies 1997, S. 299.

59 Ebenda, S. 298.

60 Die entsprechende Operation geht auf eine Formel Hermann Minkowskis zurück. Davies 1997, S. 221 f., erläutert Minkowskis Regel für den Laien.

61 Davies 1997, S. 303.

62 Vgl. oben Anm. 60.

63 Hawking 1991, S. 177. Hawking macht seine antirealistischen Bemerkungen aus Anlass der Unterscheidung zwischen «realer» und «imaginärer» Zeit, möchte seinen Pragmatismus aber ganz allgemein verstanden wissen.

64 Ebenda. – Der Antirealist hat freilich die bekannten Schwierigkeiten: Worüber sprechen die nützlichen Beschreibungen im Gegensatz zu denen, die nicht nützlich sind? Wenn die nützlichen Beschreibungen über nichts Reales sprechen, sprechen sie dann vielleicht über etwas Irreales oder bloß Subjektives? Und inwiefern unterscheidet sich dieses Irreale oder bloß Subjektive von jenem Irrealen, über das die Beschreibungen sprechen, die nicht nützlich sind? Und seltsamer noch: Woraus resultiert der Nutzen, den die nützlichen Beschreibungen haben, wenn es nicht ein *fundamentum in re* gibt, eine Wirklichkeit, die es gestattet, Wahres von Falschem zu unterscheiden?

65 Es handelt sich dabei um Intervalle in der Größenordnung von etwa 10^{-33} Zentimeter und 10^{-43} Sekunden.

66 Vgl. Dávila 1992, S. 31.

67 Weil 1998, S. 78.

68 Ebenda, S. 164.

69 Whitehead 1984, S. 612 f.

70 Weil 1998, S. 100.

71 Jonas 1994, S. 96. Jonas zitiert aus: *Das denkende Herz. Die Tagebücher von Etty Hillesum 1941–1943*, Freiburg/Heidelberg 1994.

72 Jonas 1994, S. 42.

73 Ebenda, S. 43.

74 Swinburne 1977, S. 160: «a person *P* is omnipotent at a time *t* if and only if he is able to bring about the existence of any logically contingent state of affairs *x* after *t*, the description of the occurrence of which does not entail that *P* did not bring it about at *t*, given that he does not believe that he has overriding reason for refraining from bringing about *x*.» (Übersetzung ins Deutsche von P. S.)

75 So Charles Waldemar in dem von ihm herausgegebenen Auswahlband Swedenborg 1959, S. 13.

76 Biographische Daten nach Benz 1948.

77 Swedenborg o. J., S. 952, 972 u. 988.

78 Ebenda, S. 988.

79 Kant 1968a, S. 348.

80 Kant 1968b, S. 267.

81 Ebenda, S. 264.

82 Russell 1968, S. 29.

83 Kant 1968c, S. 176.

84 Holl 1997, S. 301 ff.

85 Linse 1996, S. 216.

86 Kant: *Idee zu einer allgemeinen Geschichte in weltbürgerlicher Absicht*, A 391.

87 Musil: «Über die Dummheit», in: Musil 1978, S. 1287.

88 Nietzsche: *Nachgelassene Fragmente*, Herbst 1881, 15 [54]. Die Nummerierung folgt in allen Fällen der *Kritischen Gesamtausgabe*, hrsg. v. G. Colli u. M. Montinari, die 1980 erstmals als Taschenbuchausgabe im Deutschen Taschenbuch Verlag erschien (durchgesehene Neuausgabe 1988).

89 Nietzsche: *Nachgelassene Fragmente*, November 1882 – Februar 1883, 4 [81].

90 Nietzsche: *Nachgelassene Fragmente*, Herbst 1885 – Herbst 1886, 2 [110].

91 Nietzsche: *Nachgelassene Fragmente*, Juli – August 1882, 1 [74] u. 1 [77].

92 «Ich beschwöre euch, meine Brüder, bleibt der Erde treu und glaubt denen nicht, welche euch von überirdischen Hoffnungen reden: Giftmischer sind es und Verächter des Lebens: ob sie es wissen oder nicht, Absterbende sind es und Selbst-Vergiftete.» Nietzsche: *Nachgelassene Fragmente*, November 1882 – Februar 1883, 5 [19].

93 Nietzsche: *Nachgelassene Fragmente*, Frühjahr 1884, 25 [7].

94 Nietzsche: *Nachgelassene Fragmente*, Frühjahr – Herbst 1881, 11 [163].

95 «Drücken wir das Abbild der Ewigkeit auf *unser* Leben! Dieser Gedanke enthält mehr als alle Religionen, welche dies Leben als ein flüchtiges verachten und nach einem unbestimmten *anderen* Leben hinblicken lehrten.» Ebenda, 11 [159].

96 Nietzsche: *Nachgelassene Fragmente*, Juni – Juli 1885, 36 [31].

97 Adorno 1980, S. 281.

98 Kant 1968c, S. 107.

99 «Alle hohe Kunst ist religiös; Akt der Huldigung an die Herrlichkeit des Seins.» Balthasar 1965, S. 14.

100 Schmitt 1991, S. 36 f. – «Bruder Straubinger» war der Deckname, den Carl Schmitt zunächst im Krieg für Hitler verwendete, so wie Ernst Jünger in den *Marmorklippen* aus dem Jahre 1939 vom «Oberförster» und in seinen Kriegstagebüchern von «Kniébolo» sprach.

101 Ebenda, S. 36.

102 Ebenda, S. 45.

103 Ebenda, S. 61.

104 Ebenda, S. 62.

105 Ebenda, S. 50.

106 Hegel 1970, S. 29.

107 Schmitt 1991, S. 28.

108 Ebenda, S. 101.

109 Ebenda, S. 232.

110 Ein gewichtiger Teil der Juristen nach dem Kriege bestand aus Leuten, die der nationalsozialistischen Partei beigetreten und ihr zumindest passiv gedient hatten, um sich dann, als Deutschland von den Alliierten besetzt war, karrierestrategisch «entnazifizieren» zu lassen.

111 Schmitt 1991, S. 232.

LITERATUR

Es werden nur jene Werke zitiert, die im Text oder in den Anmerkungen nicht durch ein eigenständiges Kurzzitat ausgewiesen sind.

Adorno, Theodor W.: *Minima Moralia. Reflexionen aus dem beschädigten Leben*, Gesammelte Schriften, Bd. 4, Frankfurt a. M. (Suhrkamp) 1980

Anselm von Canterbury: *Proslogion*, lateinisch-deutsche Ausgabe von P. Franciscus Salesius Schmitt O.S.B., Stuttgart/Bad Cannstatt (Friedrich Frommann [Günther Holzboog]) ³1962

Augustinus, Aurelius: *Vom Gottesstaat (De civitate dei)*, Buch 11 bis 22, München (dtv) ³1991

Auster, Paul: *The New York Trilogy*, London/Boston (faber & faber) 1988

Ball, Hugo: *Die Flucht aus der Zeit* [1927], hrsg. u. mit Anm. u. einem Nachwort versehen v. Bernhard Echte, Zürich (Limmat) 1992

Balthasar, Hans Urs von: *Herrlichkeit. Eine theologische Ästhetik*, Bd. III/1: «Im Raum der Metaphysik», Einsiedeln (Johannes Verlag) 1965

Bayley, John: *Elegie für Iris*, a. d. Engl. v. Barbara Rojahn-Deyk, München (C. H. Beck) 2000

Benz, Ernst: *Emanuel Swedenborg, Naturforscher und Seher*, München (H. Rinn) 1948

[Bibel] *Neue Jerusalemer Bibel*, Einheitsübersetzung mit dem Kommentar der Jerusalemer Bibel, neu bearbeitet u. erweitert, dt. hrsg. v. A. Deissler u. A. Vögtle in Verbindung mit J. M. Nützel, Freiburg/Basel/Wien (Herder) 1985

[Bibel] *Die vierundzwanzig Bücher der Heiligen Schrift nach dem masoretischen Text*, hebräisch-deutsch, übers. v. Leopold Zunz, Tel Aviv/Israel [Sinai Verlag] 1997

[Bibel] *Das Neue Testament und frühchristliche Schriften*, übersetzt u. kommentiert v. K. Berger u. Chr. Nord, Frankfurt a. M./Leipzig (Insel) 1999

[Capelle] *Die Vorsokratiker. Die Fragmente und Quellenberichte*, übers. u. eingeleitet v. Wilhelm Capelle, Stuttgart (Alfred Kröner) 1968

Chisholm, Roderick M.: «Human Freedom and the Self», in *On Metaphysics*, Minneapolis (University of Minnesota Press) 1989, S. 5–15

Dávila, Nicólas Gómez: *Aufzeichnungen des Besiegten. Fortgesetzte Scholien zu einem inbegriffenen Text*, a. d. Spanischen v. Günter Maschke, Wien (Karolinger) 1992

Davies, Paul: *Prinzip Chaos. Die neue Ordnung des Kosmos*, a. d. Engl. v. Friedrich Griese, München (C. Bertelsmann) 1988

Davies, Paul: *Die Unsterblichkeit der Zeit. Die moderne Physik zwischen Rationalität und Gott*, Bern/München/Wien (Scherz) 1997

Handke, Peter: *Geschichte des Bleistifts*, Salzburg/Wien (Residenz) 1982

Handke, Peter: *Noch einmal für Thukydides*, ergänzte Ausgabe, Salzburg/Wien (Residenz) 1995

Handke, Peter: *Am Felsfenster morgens (und andere Ortszeiten 1982–1987)*, Salzburg/Wien (Residenz) 1998

Hawking, Stephen W.: *Eine kurze Geschichte der Zeit. Die Suche nach der Urkraft des Universums*, Reinbek b. Hamburg (Rowohlt) 1991

Hegel, Georg Wilhelm Friedrich: *Werke in zwanzig Bänden. Werke 9 (Enzyklopädie der philosophischen Wissenschaften im Grundrisse [1830], Zweiter Teil: Die Naturphilosophie. Mit mündlichen Zusätzen)*, Frankfurt a. M. (Suhrkamp) 1970

Hesiod: *Theogonie. Tage und Werke*, griechisch/deutsch, hrsg. u. übers. v. Albert von Schirnding, Düsseldorf (Artemis & Winkler) ²1997

Hick, John: *The Rainbow of Faiths. Critical Dialogues on Religious Pluralism*, London (SCM) 1995

Holl, Adolf: *Die linke Hand Gottes. Biographie des Heiligen Geistes*, München (List) 1997

Huizinga, Johan: *Herbst des Mittelalters. Studien über Lebens- und Geistesformen des 14. und 15. Jahrhunderts in Frankreich und in den Niederlanden*, hrsg. v. Kurt Köster, Stuttgart (Alfred Kröner) ¹¹1975 (niederländische Ausgabe letzter Hand 1941)

James, William: *Die Vielfalt religiöser Erfahrung. Eine Studie über die menschliche Natur*, übers., hrsg. u. mit einem Nachwort versehen v. Eilert Herms, Olten/Freiburg i. Br. (Walter-Verlag) 1979

Jonas, Hans: *Gedanken über Gott. Drei Versuche*, Frankfurt a. M. (Suhrkamp) 1994

Kant, Immanuel: *Träume eines Geistersehers, erläutert durch Träume der Metaphysik*, in: *Kants Werke. Akademie-Ausgabe*, Bd. II, Berlin (Walter de Gruyter) 1968a

Kant, Immanuel: *Versuch über die Krankheiten des Kopfes*, in: *Kants Werke*, Bd. II, Berlin (Walter de Gruyter) 1968b

Kant, Immanuel: *Die Religion innerhalb der Grenzen der bloßen Vernunft*, in: *Kants Werke. Akademie-Ausgabe*, Bd. VI, Berlin (Walter de Gruyter) 1968c

Kierkegaard, Sören: *Einübung im Christentum*, übers. v. E. Hirsch, 5.–6. Tsd., Düsseldorf/Köln (Eugen Diederichs) 1962

Linse, Ulrich: *Geisterseher und Wunderwirker. Heilssuche im Industriezeitalter*, Frankfurt a. M. (Fischer) 1996

Ludwig, Günther: *Das naturwissenschaftliche Weltbild des Christen*, Osnabrück (A. Fromm) 1962

Metz, Johann Baptist.: «Gotteskrise als Signatur der Zeit», in: *Instanzen/Perspektiven/Imaginationen* (= *Interventionen 4*, Museum für Gestaltung Zürich), hrsg. v. J. Huber u. M. Müller, Basel/Frankfurt a. M. (Stroemfeld/Roter Stern) 1995, S. 95–109

Musil, Robert: *Gesammelte Werke*, hrsg. v. Adolf Frisé, II: Prosa und Stücke etc., Reinbek bei Hamburg (Rowohlt) 1978

Nagel, Thomas: «What Is It Like to Be a Bat?», in *The Philosophical Review* 83 (1974), S. 435–450

Nietzsche, Friedrich: *Kritische Studienausgabe* (KSA), hrsg. v. Giorgio Colli und

Mazzino Montinari, 2., durchgesehene Auflage im Taschenbuch, München/ Berlin/New York (Deutscher Taschenbuch Verlag/Walter de Gruyter) 1988

Otto, Rudolf: *Das Heilige. Über das Irrationale in der Idee des Göttlichen und sein Verhältnis zum Rationalen*, München (C. H. Beck) 1987

[Ovid] P. Ovidius Naso: *Metamorphosen*, lateinisch/deutsch, übers. u. hrsg. v. Michael von Albrecht, Stuttgart (Reclam) 1994

Paglia, Camille: *Die Masken der Sexualität*, Berlin (Byblos) 1992

Russell, Bertrand: *Warum ich kein Christ bin*, Reinbek bei Hamburg (Rowohlt) 1968

Sartre, Jean-Paul: *Der Ekel*, dt. v. Uli Aumüller, Reinbek b. Hamburg (Rowohlt) 1982

Schmitt, Carl: *Glossarium. Aufzeichnungen der Jahre 1947–1951*, hrsg. v. Eberhard Freiherr von Medem, Berlin (Duncker & Humblot) 1991

Stöltzner, Michael/Thirring, Walter: «Entstehen neuer Gesetze in der Evolution der Welt», in *Naturwissenschaften* 81 (1994), S. 243–249

Strauß, Botho: *Beginnlosigkeit. Reflexionen über Fleck und Linie*, München/Wien (Carl Hanser) 1992

Strasser, Peter: *Journal der letzten Dinge*, Frankfurt a. M. (Suhrkamp) 1998; ²1999

Strasser, Peter: *Der Weg nach draußen. Skeptisches, metaphysisches und religiöses Denken*, Frankfurt a. M. (Suhrkamp) 2000

Swedenborg, Emanuel: *Vision und Ekstase*, München (W. Goldmann) 1959

Swedenborg, Emanuel: *Die wahre christliche Religion*, Bd. 4, Zürich (Swedenborg-Verlag) o. J.

Swinburne, Richard: *The Coherence of Theism*, Oxford (Clarendon Press) 1977

Weil, Simone: *Zeugnis für das Gute. Traktate – Briefe – Aufzeichnungen*, Olten/Freiburg i. Br. (Walter-Verlag) ²1979

Weil, Simone: *Cahiers. Aufzeichnungen*, Bd. 4, hrsg. u. übers. v. Elisabeth Edl u. Wolfgang Matz, München/Wien (Carl Hanser) 1998

Whitehead, Alfred North: *Prozess und Realität. Entwurf einer Kosmologie*, Frankfurt a. M. (Suhrkamp) ²1984

Wittgenstein, Ludwig: «Bemerkungen über Frazers *Golden Bough*», in *Vortrag über Ethik und andere kleine Schriften*, hrsg. u. übers. v. Joachim Schulte, Frankfurt a. M. (Suhrkamp) 1989, S. 29–46

Einige Abschnitte des Buches wurden in Varianten bereits vorauspubliziert. Namentlich handelt es sich dabei um die folgenden Texte: Kapitel I, «Religiöser Universalismus» unter dem Titel «Die Menschheit vor dem Absoluten. Religiöser Universalismus und religiöses Empfinden», in *Zwischen Verzückung und Verzweiflung. Dimensionen religiöser Erfahrung*, hrsg. v. Florian Uhl u. Artur R. Boelderl, «Schriften der Österreichischen Gesellschaft für Religionsphilosophie», Band 2, Düsseldorf (Parerga Verlag) 2001, S. 129–149. – Kapitel VIII, «Aufklärer und Geisterseher», unter demselben Titel in *Ästhetik & Kommunikation*, Heft 111, 31. Jahrgang, Schwerpunkt «significans. Zwischen Kunst und Erkennungsdienst», Berlin, Dezember 2000, S. 103–110. – Kapitel IX, «Erlösung hier und jetzt!» unter dem Titel «Der schöne Schein und das moralische Gesetz. Nietzsche vor dem Absoluten», in *manuskripte. Zeitschrift für Literatur*, Heft 150, 40. Jahrgang, Graz, November 2000, S. 208–211.